지역사회복지관의 마케팅 전략

**A Study on the Marketing Strategy of
Community Welfare Center**

지역사회복지관의

마케팅

전략 ●●●

A Study on the Marketing Strategy of
Community Welfare Center

김 용 민 지음

서문

　현대국가에서 국민이 복지를 담보하는 일차적 책임은 국가에 있다. 그러나 정부의 복지시책만으로는 현대사회의 복잡한 사회구조와 새로운 환경 속에서 파생되는 모든 문제를 해결할 수 없는 것이 우리의 현실이다. 민간복지전달체계의 하나인 지역사회복지관이 새로운 패러다임의 주체적인 선도기관으로 위상을 지역사회에 정착하기 위해서 적극적인 운영전략이 필요하다.

　지역사회복지관에서 지역사회와의 상호작용은 마케팅을 통해 구체화되고 지역사회복지관의 민간자원 개발을 위해서 마케팅전략이 매우 중요하다. 마케팅은 잠재적 클라이언트 혹은 소비자에 대한 직접적인 활동이며 동시에 서비스 프로그램에 대한 정보를 주는 내용으로 한다. 특히 지역사회복지관에서 마케팅은 후원자개발이나 모금활동과 관련하여 적극적으로 그 필요성이 부각되고 있으며, 향후 그 중요성은 확대될 전망이다.

　이 책은 지역사회복지관의 효율성을 DEA기법과 면접조사를 통해서 측정하고 지역사회복지관의 비효율의 원인을 파악하여 지역사회복지관의 효율성 증진방안을 모색해 보고자 하는 데 그 목적이 있다. 지역사회복지관의 비효율의 원인은 이용자수와 프로그램의 부족으로 나타났으며, 이러한 비효율에 대처하는 방안으로 지역사회복지관의 마케팅전략을 제시하고 있다. 지역사회복지관의 마케팅전략으로 시장조사를 통하여 마케팅의 목표를 설정하고 시장세분화와 표적시장을 선정하며 이를 통해서 자원개발 프로그램을 수집하고 마케팅을 실행하는 방법을 제시하고 있다.

본 저자는 이 책을 통해서 민간부문에서 사회복지전달체계의 중요한 위치를 차지하고 있는 지역사회복지관이 효율성을 증진하는데 실천적인 전략으로 활용될 수 있기를 기대한다.

이 책이 출판되기까지 바쁜 일정에도 세심하게 지도하여 주신 오재일 교수님, 손귀원 교수님께 감사드리며, 여러 해를 마음 졸이며 말없이 응원을 해준 나의 아내, 이주영 여사에게 감사하다는 말을 전하고 싶다. 그리고 희운, 도연, 보문이가 건강하게 자라주길 바란다.

2006년 11월
저자 씀

차 례

제1장

서 론 ●●●

제 1 장
서 론

●
●
●

현대 복지국가에서 국민의 복지를 담보하는 일차적 책임은 국가에 있다. 그러나 정부의 복지시책만으로는 현대사회의 복잡한 사회구조와 새로운 환경 속에서 파생되는 모든 문제를 해결할 수 없는 것이 우리의 현실이다. 특히 소외계층의 상대적 박탈감과 같은 정서적 문제와 가족관계문제는 이미 심각한 수준에 이르렀다. 이러한 문제에 대해서는 전문성과 유연성이 뛰어난 민간사회복지체계를 통해 서비스를 전달하는 것이 더 효과적일 수 있다.

민간사회복지의 효과성은 대인서비스를 중심으로 확보되고 있으며, 최근에는 지역사회를 매개로 하는 접근들이 강조되고 있다. 복잡하고 다양한 욕구에 대응하는 지역사회 중심의 통합적 접근은 기본적으로 사회복지관1)과 같은 전문인력과 시설 및 예산을 갖춘 조직체계가 중심이 될 때 가능하다.

민간사회복지체계로서 사회복지관은 급격한 사회제도의 변화와 욕구의 증대라는 양립하기 어려운 사회적 요구를 동시에 충족시킬 수 있는 복지서비스 전달체계로서 급변하는 사회 환경에 대처하면서 중요한 사회적 위상을 정립해 가고 있다. 즉 사회복지관은 민·관 파트너십에 있어서 핵심적인 민간기관으로서의 위상, 시민사회 체계에서의 중추적 사회복지전문기관으로서의 위상 및 새로운 복지패러다임 전환의 주체적 선도기관으로서의 위상으로 지역사회에 정착되어가고 있다.

사회복지관은 지역사회 환경과 상호작용하는 복지전달체계라고 할 수 있다. 이러한 관점에서 보면, 사회복지관은 인력, 기술, 자원 등의 요소를 투입하여 프로그램 활동을 통한 지역주민의 복지증진이라는 목표달성 또는 산출을 얻는 체계라고 할 수 있다. 이와 같이 다양한 산출물을 효율적으로 얻기 위해서는 합리적이고 과학적인 사회복지관의 운영이 절실히 요청되고 있다.

이러한 요청에 대하여 정부는 1970년에 제정된 사회복지사업법을 1983년 개정하였고, 1989년 사회복지관 설치·운영규정을 제정하였다. 그리고 정부는 1997년에 사회복지사업법을 개정하여 시·도 사회복지협의회의 독립법인화가 이루어졌으며, 사회복지공동모금법에 의한 공동모금제도의 도입이 이루어져 민간사회복지조직과 재정의 자율성이 강화되는 방향으로 발전시켰다(장인협·이혜경·오정수, 1999: 55). 더욱이 1997년 개정된 사회복지사업법과 사회복지공동모금법으로 인해 민간서비스 전달체계의 역할이 크게 강조되고 있다. 이와 더불어 사회복지사업법은 복지서비스 사업들에 민간의 참여

---

1) 본 연구에서 사회복지관의 용어는 지역사회복지관, 복지관, 종합사회복지관 등의 용어와 혼용하여 사용하고 있다. 논문의 일관성 측면에서 하나의 용어로 통일해서 사용하여야 하나, 문맥상의 고려와 법적 용어로 표현되어야 하는 부분에서는 법적 용어를 사용하고 있다. 따라서 지역사회복지관, 사회복지관, 복지관, 종합사회복지관은 같은 맥락의 용어임을 밝혀둔다. 그러나 특별한 경우를 제외하고는 사회복지관으로 통일하여 사용한다.

조건을 대폭 완화하였고, 공동모금법은 민간서비스 전달체계 스스로 자원을 동원하고 집행할 수 있는 여건을 마련해 놓았다(김영종, 1998: 269).

2000년에 들어와서 단종복지관의 확대설치, 시민단체와 종교기관의 복지활동 참여 강화, 동사무소의 주민복지센터로의 기능전환 등에 따라 프로그램의 중첩과 중복서비스를 조정해야 할 필요성이 대두되었다. 이에 따른 사회복지관의 기능과 역할을 시급히 검토하여 사회복지관의 정체성을 재정립해야 할 필요성이 제기되고 있다. 또한 사회복지관의 양적 성장에도 불구하고 적절한 서비스를 제공하고 있는지에 대한 실증적 검토의 필요성이 제기되고 있다.

이러한 인식하에 정부는 「사회복지사업법시행규칙」 제27조에서 3년마다 1회 이상 종사자의 전문성, 시설환경, 서비스의 만족도 등에 대해 사회복지시설들을 대상으로 평가를 실시하도록 규정하였다. 사회복지시설평가와 더불어 사회복지관 평가사업은 1997년 사회복지사업법 개정을 필두로 시작되었다. 1999년에는 타 8개 유형 사회복지관시설과 함께 평가지표를 개발했고, 이에 대한 예비평가와 공청회를 거쳐 2000년도 전국 사회복지관 285개 사회복지관을 대상으로 평가를 실시하였다.

한편 학계에서의 사회복지관에 대한 평가 또는 실증적 검토는 미흡한 실정이다(권선진, 1994; 정덕규, 1997; 조운희, 1998; 최재성, 1999). 우리나라의 사회복지관은 정부의 재정지원을 받는 형태로 공공적 성격이 강하고, 이로 인해 조직의 효율적 운영, 나아가서 공공분야의 사회적 책임성의 이행에 대한 관심과 압력이 대두하고 있다. 그러나 사회복지분야에 있어서 산출물의 변화에 영향을 미치는 다양한 요인들을 검증하고 새로운 모델을 개발하려는 노력은 잘 이루어지지 않고 있는 실정이다.

새로운 모델을 개발하기 어려운 이유 중의 하나는 행정이나 사회복지관과 같이 공공적 성격이 강한 경우, 서비스의 효율성을 측정하는 다양한 기법 개발의 어려움에서 찾아볼 수 있다. 즉 공공서비스의 경우 금액으로 환산하기 힘든 복수의 투입과 산출이 이루어지기 때문에 효율성을 측정하는 것이 어렵다. 이는 효율성 향상을 위한 환류장치가 제대로 작동하기 힘든 상황이라는 점을 반영한다. 측정이 어렵다는 것은 측정을 하더라도 그 적합성이나 공정성을 신뢰하기 어렵다는 것을 의미한다(윤경준, 2003: 9). 따라서 공공서비스의 효율성 측정을 위해서는 다양한 효율성 측정방법이 개발되어야 할 필요가 있다.

전통적인 효율성 측정방법으로 함수적 접근법, 생산적 접근법, 비율접근법 등이 있으나, 최근 효율성 측정방법으로 그 활용이 확대되고 있는 것이 비모수적 측정방법의 하나는 DEA(자료포락분석, data envelopment analysis: 이하 DEA라 함)이다. DEA는 다수의 투입과 다수의 산출모형에 적용하기 위한 수학적 프로그래밍의 최적의 방법을 통해서 이루어진 비모수적 선형계획방식이다. DEA는 자료집합내의 유사한 투입과 산출관계를 갖는 모든 의사결정단위를 직접적으로 비교할 수 있어 병원, 간호서비스, 교육 등 비영리조직의 효율성을 측정하는 도구로 최근 널리 활용되고 있다.

일정 지역 안에서 종합사회복지서비스를 주민에게 전달하는 체계로서 사회복지관은 공공서비스의 성격을 가지고 있어서 효율성 측정에 어려움을 가지고 있다. 이러한 효율성 측정의 어려움은 복지관의 평가 및 증진방안 모색에까지 영향을 미치고 있다. 따라서 사회복지관의 효율성을 측정하는 다양한 방법들이 개발되어야 할 필요성이 있다.

본 연구에서는 위와 같은 사회복지관의 효율성 측정의 필요성의 인식하에서 다음과 같은 연구문제를 선정한다. 효율성의 개념과 측정방법(함수적 접근법, 생산적 접근법, 비율접근법, DEA)들은 어떤 것이 있는가? 효율성 측정방법 중 하나인 DEA는 사회복지에서 어떠한 의미를 가지고 있는가? 사회복지관의 비효율의 원인은 무엇인가? 사회복지관의 효율성 증진방안은 어떻게 모색되어야 하는가?

따라서 본 연구는 양적 연구(DEA)와 질적 연구(심층면접)의 종합적 분석을 시도하며, 광주광역시 소재 사회복지관의 비효율 원인을 파악하여 사회복지관의 효율성 증진방안을 모색하는 것을 목적으로 하고 있다. 나아가

본 연구에서 제시한 사회복지관의 효율성 증진방안이 광주광역시 소재 사회복지관의 효율성을 증진시키는 데 도움이 되어 사회복지관이 지역사회의 복지 전달체계로써 사회복지서비스를 효율적으로 전달하는 데 기여할 수 있도록 하는 것을 목적으로 하고 있다.

제2절
연구의 범위와 방법

1. 연구의 범위

1) 내용적 범위

본 연구의 내용적 범위는 다음과 같다. 효율성 측정방법에 대한 이론적 논의, 지역사회복지관의 개관과 현황 분석, 지역사회복지관의 효율성 측정 그리고 지역사회복지관의 효율성 증진방안으로 구성하였다.

첫째, 효율성 측정방법에 대한 이론적 논의에서는 효율성에 대한 개념과 효율성 측정방법에 대하여 살펴보았다. 또한 효율성 측정방법들을 검토하면서 효율성 측정방법의 한계와 효율성 측정방법 중 하나인 DEA를 논의하였다. 그리고 DEA를 이용한 선행연구와 지역사회복지관의 효율성 측정사례를 논의하면서 사회복지관에서 효율성 측정방법으로서 DEA의 적용 의미를 살펴보았다.

둘째, 지역사회복지관의 개관과 현황 분석에서는 자치시대의 지역사회복지의 의미와 사회복지관의 설립배경, 기능과 역할, 설치와 운영기준 등을 제시하였다. 그리고 사회복지관의 인력과 조직 및 재정 현황에 대하여 살펴보았다.

셋째, 지역사회복지관의 효율성 측정에서는 투입·산출변수의 선정과 변수들의 조작적 정의 그리고 효율성 측정절차를 논의하였다. 그리고 DEA에 의한 사회복지관의 상대적 효율성을 측정하였다.

넷째, 지역사회복지관의 효율성 증진방안에서는 DEA에 의한 결과로 비효율복지관과 효율복지관을 구분하고 비효율복지관의 투입·산출변수의 결과해석을 통하여 투입·산출변수의 시사점을 도출하였다. 또한 비효율복지관의 중간관리자 면접을 통하여 비효율복지관의 원인을 규명하였다. 그리고 비효율복지관의 원인 분석을 토대로 지역사회복지관의 효율성 증진방안에 대하여 논의하였다.

2) 공간적 범위

본 연구의 대상은 광주광역시에 소재하는 사회복지관이다. 전국의 지역사회복지관은 360개소(2003년 6월 30일)로 파악된다. 광역시 소재 사회복지관은 218개소이며, 시·군 소재 사회복지관은 142개소이다. 광역시 소재 사회복지관은 시·군 소재 사회복지관에 비하여 인구밀도가 높으며, 클라이언트의 접근성이 용이하고 클라이언트들의 사회복지관 선택의 폭이 넓다는 점에 있어서 시·군 소재 사회복지관과의 차이를 보인다.

따라서 본 연구에서는 대도시인 광역시 소재 사회복지관만을 대상으로 함으로써 시·군소재의 사회복지관은 연구대상에서 제외하였다. 특히 본 연구에서는 여섯 개의 광역시 중 광주광역시 소재 사회복지관을 선정하여 연구대상으로 삼고 있다.

본 연구의 대상은 광주광역시 소재 19개 사회복지관으로 결산액, 후원금, 자원봉사자 수, 사회복지사수, 이용자 수, 연간 프로그램 수의 6개 항목에 대하여 자료를 수집하였다. 19개 사회복지관을 유형별로 보면 가형복지관은 4개소, 나형복지관은 14개소, 다형복지관은 1개소이며, 사회복지관을 소재

지별로 나누어보면, 동구 1개소, 서구 5개소, 남구 3개소, 북구 7개소, 광산구 3개소이다.

연구에 필요한 자료 제출을 거부한 사회복지관은 19개 사회복지관 중 5개 사회복지관이다[2]. 자료를 제출한 14개 사회복지관 중 가형복지관은 3개소이고 나형복지관은 11개소이다.

3) 시간적 범위

본 연구의 시간적 범위는 다음과 같다. 먼저, 지역사회복지관의 현황 분석은 2003년을 기준으로 하되 자료의 수집이 어려운 현황은 2003년과 가장 가까운 연도의 현황을 이용하였다.

다음으로 지역사회복지관의 효율성 측정을 위한 자료수집기간은 2003년 7월 15일부터 8월 20일까지이며, 사회복지관의 중간관리자(과·부장)의 면접 조사는 2004년 5월 3일부터 5월 10일까지 8일간이다. 효율성 측정을 위한 투입·산출변수의 자료수집 시점은 2002년이다.

2. 연구의 방법

본 연구의 방법은 다음과 같다. 첫째, 문헌고찰을 통하여 연구의 이론적 논의를 하였다. 연구의 중요 용어인 효율성의 개념에 대하여 논의하고, 전통적인 효율성 측정방법, 한계 그리고 DEA의 측정방법을 고찰하였다. 투입변수(결산액, 후원금, 종사자 수 대비 사회복지사 비율, 자원봉사자 수)와 산출변수(이용자 수, 연간 프로그램 수)의 선정을 위하여 DEA의 선행

---

2) 자료를 수집하는 방법에서 자료 제출을 거부한 사회복지관(첨단종합사회복지관)과 자료수집이 되지 않은 사회복지관(쌍촌시영, 광주, 무등, 하남종합사회복지관)은 분석대상에서 제외하였다.

연구와 지역사회복지관의 효율성 측정사례를 살펴보았다. 연구대상인 사회복지관을 개관하여 자치시대의 지역사회복지의 의미와 사회복지관의 의의와 운영을 살펴보고 사회복지관의 현황을 문헌을 통하여 고찰하였다.

둘째. 양적 연구방법으로 사회복지관의 효율성을 측정하기 위하여 DEA 기법을 이용하여 실증분석을 하였다. DEA에 의한 상대적 효율성 측정은 효율성 수치에 의하여 효율적 복지관과 비효율적 복지관으로 구분된다. 그리고 DEA에 의한 비효율 복지관의 결과해석을 통하여 과소공급과 과잉공급된 변수의 정도를 파악[3]하여. 비효율 복지관의 비효율의 원인을 파악하였다.

셋째. 질적 연구방법으로 사회복지관의 비효율의 원인을 파악하기 위하여 사회복지관 중간관리자(과·부장)의 심층면접을 하였다. DEA에 의하여 구분된 비효율복지관 중 4개 사회복지관을 편의표집하여 재정에 관한 인식. 인력에 관한 인식 그리고 평가와 프로그램관리에 관한 인식을 심층면접하였다. DEA와 심층면접의 결과해석을 통하여 광주광역시 소재 사회복지관의 비효율의 원인을 파악하고 효율성 증진방안을 모색하였다.

---

3) 과소·과잉공급의 변수는 준거집단인 효율적 복지관에 비하여 상대적으로 비효율적 복지관의 효율성의 정도를 파악하는 데 도움을 준다.

제 2 장

효율성 측정방법에 대한 이론적 논의

제2장

효율성 측정방법에 대한 이론적 논의

●
●
●

제1절 효율성의 의의와 개념

1. 효율성의 개념

일반적으로 경제학자들은 효율성이란 단어를 특정 조직단위가 자원을 활용하여 산출물이나 결과물을 어떻게 창출해 내는가를 표현할 때 사용해 왔다. 효율성에 대한 정의는 다양하지만 자원의 사용에 대한 사용결과의 비율로 정의할 수 있다. 즉 효율성은 투입량에 대한 산출량의 비율로 정의되며 생산함수와 비용함수를 통하여 효율성을 규명해 왔다.

생산함수는 일정한 기간 동안 사용한 여러 가지 생산요소의 양과 이를 통해 그 기간 동안 생산할 수 있는 최대한의 산출량과의 함수관계이다. 이러한 개념에 해당하는 생산함수를 경계생산함수(frontier production function)라고 한다. 많은 경제학자들은 생산함수를 추정하기보다는 생산함수와 쌍대관계가 있는 비용함수를 이용하여 효율성을 정의해 왔다(신봉근, 2000: 23).

경영학적인 측면과 기업관점에서 Anthony & Dearden(1980)은 효율성이란 다분히 기술적 의미를 가지고 있어, 투입량에 대한 산출량의 비율을 의미한다고 하였다. 기업의 생산 활동에 비효율성이 존재함을 인식하고 이를 측정할 필요가 있음을 밝힌 Farrell에 의하면(1957: 253-581), 일정한 기술수준에서 주어진 생산요소의 투입에 의해 가능한 최대의 산출을 달성하지 못하는 정도를 기술적 비효율성이라고 정의하고 있다.

일반적으로 효율성은 기술적 효율성(technical efficiency), 배분의 효율성(allocative efficiency), 규모의 효율성(scale efficiency)으로 분류된다(Farrell, 1957: 253-290).

기술적 효율성은 일정량의 산출물을 생산할 때 투입물을 가장 적게 사용하는 기업의 생산요소 벡터에 대한 모든 기업의 생산요소 벡터의 상대적 비율로 측정된다. 기술적 효율성은 투입물의 모든 생산가능 집합(product possibility set)중에서 최대의 산출을 나타내는 범위 내지 영역을 표시하고 이를 프런티어(frontier)라고 부른다. 효율성의 평가대상인 의사결정단위가 이 프런티어 상에 있으면 최대의 성과를 나타내는 것이므로 기술적으로 효율성이 달성되었다고 한다. 반대로 평가대상인 의사결정단위가 프런티어 내부에서 이루어지면 기술적으로 비효율적이라고 한다.

배분효율성은 생산요소를 두 가지 이상 사용하는 경우 일정량의 산출물 생산을 위해 총생산비용을 극소로 하는 생산요소의 배합을 말한다.

규모효율성이란 규모에 대한 불변수익으로 정의된다. 어떤 의사결정단위가 투입물 믹스(input mix)의 증가와 비례해서 산출물 믹스(output mix)를 더 감소시킬 수 없거나, 또는 투입물 믹스의 감소와 비례해서 산출물 믹스를 더 감소시킬 수 없는 규모로 운영될 때 규모의 효율성이 있다고 한다.

2. 효율성과 관련된 성과개념들

효율성[4]과 더불어 주요 성과개념으로 논의되는 것으로 경제성, 효과성 그리고 생산성 등이 있다. 엄밀히 말하면, 효율성은 투입과 산출의 관계를 나타내는 척도인 데 비하여, 경제성은 투입측면에 한정된 개념이며, 효과성은 산출측면에 한정된 개념이다. 또한 생산성은 효과적인 서비스 전달을 위한 자원사용의 효율성을 말한다.

Metcalfe & Richards(1987: 29-30; 박태종, 1996: 13-14에서 재인용)는 효율성, 경제성, 효과성의 관계를 다음과 같이 도식화 하고 있다 (〈그림 2-1〉 참조).

〈그림 2-1〉 효율성, 경제성, 효과성의 구분

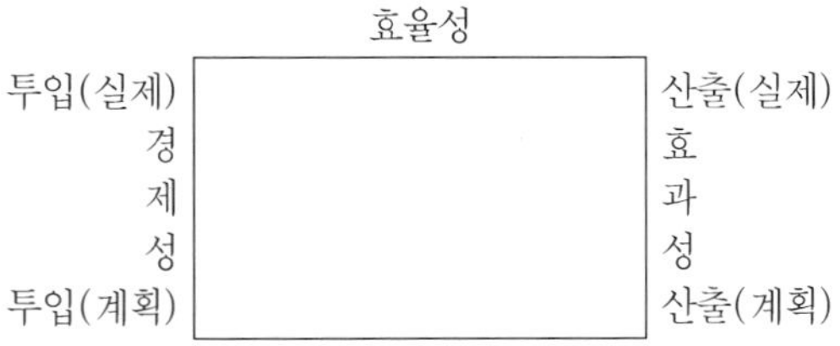

```
                        효율성
투입(실제)   ┌─────────────────────┐   산출(실제)
     경      │                     │      효
     제      │                     │      과
     성      │                     │      성
투입(계획)   └─────────────────────┘   산출(계획)
```

경제성은 당초 계획했던 투입수준과 실제 이루어진 투입수준 간의 관계에 관한 것이다. 그러므로 경제성은 비용절감이나 절약과 유사한 개념이다. 산출의 증감에 상관없이 예상했던 투입보다 적은 투입만을 사용했다면 경제성의 향상은 이루어진 것으로 볼 수 있다.

한편 효과성은 당초 계획했던 산출수준과 실제 달성된 산출수준 간의 관계에 관한 것이다. 효과성에 대한 개념 정의는 대단히 다양하게 이루어지고 있지만 측정이라는 실용적 측면에서 효과성을 정의하면, 효과성은 어떠한

---

4) 본 연구에서는 효율성과 능률성과는 동일개념으로 사용한다.

경우든 목표달성수준을 가장 기본적인 요소로 지니게 된다. 따라서 투입의 증감과는 상관없이 목표로 했던 것보다 더 높은 산출수준을 달성한다면 효과성의 향상으로 평가할 수 있다. 그러나 효율성은 실제 사용된 투입과 실제 생산된 산출 간의 관계를 의미한다. 따라서 효율성 향상이 이루어질 수 있는 경우도 투입과 산출측면을 동시에 고려해야 한다는 특징이 있다.

효율성 향상은 일반적으로 다음의 다섯 가지 경우에 이루어진다고 볼 수 있다(박태종, 1996: 14). 첫째, 투입은 감소하고 산출은 유지되는 경우 둘째, 투입은 유지되고 산출은 증가하는 경우 셋째, 투입은 감소하고 산출은 증가하는 경우 넷째, 투입과 산출이 동시에 감소하지만 투입의 감소폭이 산출의 감소폭보다 큰 경우 다섯째, 투입과 산출이 동시에 증가하지만 산출의 증가폭이 투입의 증가폭보다 큰 경우이다. 요컨대, 효율성 향상은 투입측면에서 추구될 수도 있고, 산출측면에서 추구될 수도 있다.

한편 효율성과 생산성 간의 개념을 살펴보면, 생산성에 대한 개념 정의는 크게 두 가지 방식으로 이루어졌다. 하나는 생산성을 효율성과 효과성 그리고 여타의 성과지표를 동시에 포함하는 폭넓은 개념으로 정의하는 경우이다. 다른 하나는 생산성을 관리적 효율성으로 대단히 협소하게 정의하는 경우이다.

생산성을 효율성과 효과성을 모두 포함하는 개념으로 정의할 경우, 종종 당면하게 되는 것은 효율성과 효과성이 동시에 저하되거나 향상되는 경우 생산성은 저하 또는 향상되었다고 일단 말할 수 있다. 그러나 과연 생산성이 어느 정도나 저하 또는 향상되었는지를 보여주는 객관적 특정치를 제시하기 무척 어렵다. 효율성이나 효과성 중 어느 하나는 저하되고 다른 하나는 향상된 경우는 생산성이 전체적으로 저하 또는 향상되었는지조차 말하기 힘들다.

이런 단점에 불구하고 Sackton(1989: 49)은 생산성 개념을 "바른 일을 자원의 낭비 없이 바르게 사용하는 것"으로 표현하면서 생산성을 서로 다른 개념인 효율성과 효과성을 포함하고 있다. 또한 Folz(1986: 23)는 도시간 상대적 생산성 측정에 관한 연구에서 실적을 비교하는데 확인해야 할 생산성의 세 가지 기본적인 차원으로 효율성, 효과성, 질을 제시하고 있다. 그리고 Gilbert(1990: 13)는 생산성을 만약 엄격하게 규정하자면 자원사용의 증가 없이 산출을 증가시키는 것이 분명하지만 이는 별 의미 없다고 하고 그 개념을 풍부함, 효과성, 결과, 만족 등을 포함하는 여러 가지의 의미로 확대하고 있다. 지금까지 논의한 바와 같이 효율성, 경제성, 효과성, 생산성에 관하여는 논의의 여지가 많이 남아 있다.

본 연구에서는 경제성, 효과성, 생산성, 효율성을 다음과 같이 정의한다. 먼저, 경제성은 최소비용의 투입수준에 한정되는 개념으로 사용한다. 효과성은 목표의 달성정도, 즉 산출수준에 한정하여 사용한다. 생산성은 효율성과 효과성을 모두 포함한 넓은 개념으로 정의한다.

다음으로, 본 연구에서는 효율성을 투입과 산출물 간의 비율로 정의한다. 투입과 산출물 간의 관계를 다음과 같이 해석한다. 첫째, 물리적인 투입량과 산출물의 관계로 파악하는 데 중점을 두고자 하였으나 경우에 따라서는 금액단위의 변수도 병행하여 사용한다. 이는 가격효과를 배제하기 위함이다. 둘째, 효율성의 정도는 주어진 산출물을 생산하기 위한 투입의 최소화를 의미할 뿐만 아니라 주어진 투입요소를 사용하여 산출의 최대화를 의미한다. 셋째, 투입과 산출에 사용되는 요소들의 단위가 반드시 공통단위일 필요는 없다. 넷째, 투입·산출 간의 비율을 결정하는 투입은 여러 가지 인적·물적 요소를 의미하고 산출은 주어진 목표의 달성정도를 의미한다.

제2절
효율성 측정방법

본 절에서는 전통적인 효율성 측정방법에 대하여 논의하고 있다. 먼저,

전통적인 효율성 측정방법 중 함수적 접근법, 생산성 접근법, 비율분석법을 논의한다. 다음으로, 본 연구에서 지역사회복지관의 효율성 측정방법으로 사용하고 있는 DEA에 대하여 논의한다.

1. 전통적인 효율성 측정방법

1) 함수적 접근법

함수적 접근법은 미시경제학적 입장에서 산업의 규모 및 경제성을 검증하기 위한 연구가 주류를 이루고 있으며, 생산함수접근법과 비용함수접근법으로 대별할 수 있다. 생산함수접근법은 독립변수인 생산요소가 요소수요자의 입장에서 볼 때 요소가격에 의하여 변동되어 불안정하여 생산요소 간에 다중공선성이 높기 때문에 대부분 비용함수접근법을 채택하고 있다.

함수적 접근법에는 회귀분석(regression analysis), Cobb-Douglas 모형, 지수법(index approach)이 있다. 회귀분석은 독립변수와 종속변수의 선형결합관계를 유도해 줌으로서 독립변수와 종속변수 간의 상호관련성의 여부와 상관관계가 있을 경우 그 관계가 어느 정도인지를 알 수 있게 해준다. 일반적으로 한 투입변수는 하나의 산출 또는 여러 개의 산출물의 조합에 의해 설명될 수 있으며, 반대로 하나의 산출 또는 변수는 하나의 투입 또는 여러 개의 투입물의 조합에 의해 설명될 수 있다. 회귀분석은 효율적인 투입-산출관계가 명확하지 않은 분야에서 생산관계를 파악하는 데 사용되어져 왔으며, 특정변수에 대한 회귀추정식으로 추정되므로 특정변수 이외의 많은 정보는 사장되는 문제가 발생된다. 회귀분석모형은 선형회귀모형과 비선형회귀모형으로 구분할 수 있다. 선형회귀모형은 회귀식의 경제학적 타당성에 대한 평가와 독립변수의 유의성과 독립성에 대한 통계적 검정을 할 수 있으므로 추정량의 통계적 성질에 관한 설명이 가능하다. 회귀분석을 통한 추정치들은 실제의 한계비용과는 달라 개별 의사결정단위의 한계비용을 예측하는 데 이용될 수는 없지만 각 의사결정단위의 효율성을 평가하는 경우에는 사용될 수 있다. 보편적으로 사용되는 방법[5]은 최소자승법에 기초한 회귀모형이다. 일반적으로 생산에 관하여 상이한 산출물에 대한 동일 투입물의 효과를 추정하기 위해서 다중회귀모형을 사용한다.

그러나 이 방법이 개별 의사결정단위의 효율성을 평가하는 데 얼마만큼 효과적인가에 대해서는 명확하지 않다. 왜냐하면 생산 및 비용관계에 대한 회귀분석을 이용한 추정치는 최소자승추정치에 근거를 두고 있다. 이는 생산비용관계의 평균 혹은 중심성향을 제공하는 것으로서 표본으로 사용하는 자료군에는 효율적 혹은 비효율적인 요소가 혼합되어 반영되기 때문이다. 따라서 선형회귀분석을 할 경우에는 대상이 되는 모든 평가단위들이 효율적으로 운용된다는 전제하에서만 효율적인 관계를 반영하게 될 뿐이다.

Cobb-Douglas 모형은 총생산물지수의 함수형태인 $Q = aL\alpha \cdot K\beta$를 일반화한 모형이다. 실증분석에 사용 시에는 위 식의 양변에 $\log$를 취한 후 회귀분석의 방법을 사용하여 상수값과 지수를 추정하여 사용한다. 이 모형은 생산함수에 대한 가정에서 유도된 회귀추정식의 추세값과 실제값을 비교하여 유리, 불리 또는 효율, 비효율의 정도를 파악하는 방법이다.

지수법은 기업의 경영성과나 재무상태를 단일지수 또는 종합점수로 나타내어 기업 경영의 양·부를 종합적으로 평가하는 방법이다. 각종 비용분석은 기업의 경영성과와 재무상태의 특정한 일면만을 나타내기 때문에 종합적인 판단이 어렵다. 그러나 지수법은 각각의 비율에 가중치를 부여하여 하나의 종합적인 지수를 도출하여 비교·평가할 수가 있다. 지수법은 단일투입, 단일산출의 비율만을 고려하고 있기에 다양한 투입·산출변수 간의 상호작용을 반영하지 못한다(한승우, 2001: 10-11).

---

5) 최소자승법외에 잔차의 합을 가장 작게 하는 회귀선을 구하는 방법과 잔차의 절대값의 합을 가장 작게 하는 회귀선을 구하는 방법이 있다(황인창, 1999: 262).

2) 생산성 접근법

생산성 접근법은 생산요소인 노동, 자본 등의 부가가치에서 기여정도를 알기 위하여 종래 경영분석에서 널리 사용되어 온 방법이다. 생산성이란 일반적으로 자원투입량에 대한 산출량의 비율을 의미한다. 여기서 산출량이란 설비, 자원, 에너지, 노동, 기술 등 다수의 투입요소가 결합되어 나타나는 결과로서 얻어지는 것이라고 정의한다.

이러한 생산성은 총생산성(total productivity), 부분요소생산성(partial factor productivity), 총요소생산성(total factor productivity) 등 크게 세 가지로 구분되고 효율적인 측정을 위하여 지수형태로 나타내고 있다(손승태, 1993: 25). 여기서 총생산성이란 산출량(금액)을 투입요소의 합(노동+자본+에너지+원재료+기타경비)으로 나눈 값이다. 부분요소생산성은 투입요소의 종류에 따라 다양하게 나타난다. 예를 들어 노동생산성은 산출량(금액)에서 노동으로 나눈 값으로 표시된다. 총요소생산성은 산출량(금액)을 중간재 투입액을 공제한 후 가중된 노동투입시간과 총자본의 합으로 나누어 측정되는 것으로 실증적 연구에서 많이 사용되어온 지수는 기하평균지수방법과 산술평균지수방법이 있다(김광석·홍석덕, 1992: 18-23).

위 세 가지 방법 중 총체적인 산출과 투입이 함께 고려되고 있는 총생산성이 기업전체 수준의 효율성 평가에 보다 유용하다고 하겠다. 그리고 총생산성은 원하는 지수를 쉽게 구할 수 있고, 생산성의 정도에 따라 상호비교가 가능한 장점이 있다.

3) 비율분석법

비율분석법은 각 사업단위의 재무상태 및 영업실적을 파악하는 데 널리 이용되고 있는 분석방법이다. 비율분석법은 경제적으로 의미가 있는 재무비율을 관찰함으로서 기업의 재무상태와 경영성과를 파악하고자 하는 중요한

경영분석기법 중의 하나이다. 비율분석법은 1800년대 후반 이후부터 투자
의사결정을 위하여 재무제표를 해석·평가하는 데 이용된 주요 수단이 되었
다. 일반적으로 비율분석법은 재무제표를 구성항목으로 분배한 다음 두 항
목을 대응시켜 재무비율을 계산하고, 계산된 재무비율을 절대적 기준 또는
산업평균비율과 같은 표준비율과 비교하여 기업의 재무상태나 경영성과를
평가한다. 비율분석법은 재무비율과 비재무비율을 이용할 수 있으나 비재무
비율은 기업 간 표준화된 자료를 얻기가 용이하지 않으므로 한계가 있다.
대부분 회계자료를 이용한 재무비율분석 자료를 주로 사용하고 있으며 비재
무비율분석은 보완적으로 사용하고 있다.

비율분석법은 분석목적에 따라 사용하는 관계비율이 각각 다르고, 다른
분석기법과 병행하여 사용되고 있다. 비율분석법은 다음과 같은 이유 때문
에 주로 이용되고 있다. 첫째, 이해의 용이성이다. 비율분석법은 적용이 간
단하며 이해가 용이하기 때문에 전문지식이 확립되어 있지 않은 이용자도
쉽게 사용할 수가 있다. 둘째, 시간과 원가절감이다. 비율분석법은 연말이
나 회기말에 이미 작성된 요약정보를 사용함으로써 분석을 위한 추가 자료
의 수집이 거의 필요 없다. 셋째, 예비분석을 위한 도구이다. 비율분석법은
구체적이고 복잡한 분석을 하기 이전에 예비 분석 수단으로 비율분석이 많
이 사용되고 있다.

4) 전통적 효율성 측정방법의 한계

위에서 논의한 전통적 효율성 측정방법인 함수적 접근법, 생산성 접근법,
비율분석법은 다음과 같은 한계점을 가지고 있다(신봉근, 2000: 27-28).

함수적 접근법은 비율분석법과 생산성 접근법보다는 효율성 측정에 있어
서 우수한 면이 많다. 즉 함수적 접근법은 다품목 생산구조에도 적용할 수
있으며, 산출량에 따른 비용의 경제성을 쉽게 분석할 수 있고, 규모 및 범
위의 경제에 대한 실증적 연구에 널리 적용되어 왔던 방법이다. 그러나 이

접근법은 평균적 성격의 비용함수를 가정해야 하고, 분석대상의 표본수가 한정되어 있는 경우 신뢰성 있는 함수를 추정하기가 어렵다. 또한 이 접근법은 최소자승법에 의한 평균값을 사용하므로 일반적인 문제뿐만 아니라 모델에 사용된 함수형태에 따라서 연구결과에 상당한 차이가 발생할 수 있다. 그리고 함수적 접근법은 함수형태에 대한 많은 가정과 제약조건을 필요로 하며, 동일한 함수형태를 사용하여 효율성을 분석하여도 산출물의 단위가 상이한 경우나 가격으로 환산할 경우 가격효과가 포함되어 정확한 효율성 측정이 어렵다. 또한 어느 부분에 어느 정도의 비효율적 요소가 존재하는지 파악하기가 힘들다.

생산성 접근법은 원하는 지수를 쉽게 구할 수 있고, 생산성의 정도에 따라 상호비교가 가능하다. 생산성 접근법에서 총생산성 측정모형은 경영자의 관점에서 볼 때 변환과정의 효율성을 나타내는 척도가 되어 총생산성지수의 변화에 따른 추세 파악에는 용이하나 문제점 발견 및 개선에는 기여가 어렵다는 점, 규모에 대한 보수가 불변인 경쟁적인 균형과 기술진보를 가정하고 있는 은행과 같은 다품종 생산체제의 경우 규모의 경제나 범위의 경제효과를 측정할 수 없다는 점, 다수의 산출물과 투입물을 동시적으로 고려할 수 없다는 점, 산출물과 투입물이 화폐단위로 환산되어 투입되므로 가격효과로 인하여 순수한 생산성 측정이 어렵다는 점 등이 단점이다.

비율분석법은 각종 비율지표에 사용되는 가중치가 평가자의 주관이나 경제적 고려에 따라 변동이 가능하며, 비계량지표의 경우 평가자의 판단에 전적으로 의존되는 경향이 있어 공정성 내지 일관성이 결여될 수 있다. 이러한 비율분석법에 의한 성과지표는 주로 원인보다는 결과 중심적이어서 결과에 대한 원인을 규명하는 데 한계가 있을 뿐만 아니라 기술변화와 추세를 포착하여 규명하는 데 늦게 반응한다. 또한 비율분석법은 규모의 경제나 범위의 경제를 분석하기가 힘들고, 어느 부문에 어느 정도에 비효율적인 요소가 존재하는지 파악이 곤란하다. 그리고 이 분석법은 어떤 비율로는 좋은 성과를 내고 있는 경우라 해도 다른 지표로 보면 성과가 나쁜 경우도 존재하는 등 일차적인 시각을 벗어날 수 없다. 따라서 비율분석법은 투자목적에 따라서 각각의 비율을 구하여 의사결정을 할 수 있으나 기업전체의 효율성을 나타낼 수 없다는 한계점이 있다.

종합해 보면, 전통적 효율성 측정방법인 함수적 접근법, 생산성 접근법, 비율접근법은 다음과 같은 한계를 가지고 있다. 첫째, 공공부문이나 서비스부문의 경우 정확한 비용함수의 도출이 어렵고, 투입물과 산출물과의 상관관계를 객관적으로 규명하기가 어렵다는 점, 둘째, 다수의 투입물과 다수의 산출물을 산출하는 산업구조에서는 모든 투입물과 산출물을 동시에 고려하여 효율성을 측정하기 어렵다는 점, 셋째, 다른 조직과 생산성을 평가하기 위하여 객관적인 기준이 제시되어야 하나 산정기준이나 평가자의 자의에 의하여 평가 결과가 다르게 나타날 수 있다는 점, 넷째, 모든 투입물과 산출물이 화폐액으로 표시됨으로써 가격효과로 인하여 순수한 생산성 측정에 영향을 미칠 수 있다는 점, 다섯째, 외생변수 및 범주적 변수 등 투입물과 산출물의 환경변수를 고려할 수 없다는 점, 여섯째, 어느 부문에 어느 정도의 비효율성이 있는지 정확한 자료를 제공할 수 없다는 점이 한계이다.

이러한 한계점 때문에 효율성 분석에 대한 가정 및 제약조건이 거의 없고 다수의 투입물과 다수의 산출물을 가진 산업에 대한 효율성 분석에 있어서 의사결정자에게 많은 정보를 제공하는 DEA에 의한 상대적 효율성 측정방법이 유용하게 대두되고 있다.

2. DEA에 의한 효율성 측정방법

1) DEA의 의의

DEA는 Carnegie Mellen 대학에서의 박사학위논문(1978)에서 처음으로 연구가 이루어졌다. Cooper의 지도아래 Rhodes는 정부보조를 받는 미국 공립학교의 교육프로그램에서 흑인이나 히스패닉과 같은 학생들에 대한 불평등 정도를 평가하였다. 이 연구는 교육프로그램이 수행되는 지역과 수행되지 않는 지역의 표본을 대응표본으로 조사하여 비교·분석하고 있다.

이 프로그램에 대한 성과 측정은 산출변수로서 "혜택을 받지 못하는 학생들의 자부심의 향상정도"에 대해서 측정하거나 투입변수로 "어머니가 아이들과 함께 책을 읽는 시간정도"가 기록되었다. 이러한 분석은 가격에 대한 일반적인 정보 없이 다양한 투입과 산출을 가진 학교의 "기술적 효율성"을 상대적으로 측정하는 방법에 대한 도전이었다.

이와 같은 연구는 DEA의 CCR(Charnes, Cooper and Rhodes, 1978)비율의 형태로 기록되었고, 이는 1978년에 European Journal of Operation Research에 처음으로 발표되었다. CCR은 Farell(1957)의 단일 투입 / 산출모형의 기술적 효율성을 측정하는 기법을 하나의 가상 투입에 가상의 산출을 대입하는 방식으로 다수의 투입 / 산출모형에 적용하기 위한 수학적 프로그래밍의 최적의 방법을 통해서 이루어졌다. 이렇게 함으로써 DEA는 공공부문의 의사결정단위(decision making unit, DMU)에서 기술적인 효율성을 측정하기 위한 새로운 경영과학기법으로 발전하기에 이르렀다(김제준, 1999: 24-25).

그 이후 BCC(Banker, Charnes & Cooper, 1984)는 CRS모형(constant returns to scale)을 확장해 VRS(variable returns to scale)모형을 설명하고 있다. 즉 CRS 가정은 모든 DMU들이 최적규모에서 운영되고 있다는 것인데, 이들은 모든 DMU들이 최적규모에서 운영되지 않을 경우에 기술적 효율성은 규모의 효율성과 혼합된 것이라고 설명하고 있다. 다시 말해 CRS모형과 VRS모형에서 동일한 자료를 사용하여 효율성을 분석하였을 때 기술적 효율성의 효율계수 값의 차이를 통해 규모의 효율성 유무를 판별할 수 있다고 한다. 따라서 비효율적으로 판명된 DMU가 순수한 기술적 요인에 의해 비효율적으로 평가되었는지 아니면 규모의 요인에 의해 비효율적으로 평가되는지를 비교해 볼 수 있다(김건위,

2004: 175).

프런티어 접근법의 하나인 DEA와 전통적 생산함수방식인 회귀분석과의 차이를 살펴보면 다음과 같다. 회귀분석은 추정치보다 좋거나 나쁜 기관을 산출과 투입을 관련시켜 관찰할 수 있다. 이러한 추정치는 다른 기관간의 비교를 가능하게 한다. 회귀선 위는 효율성 수준이 높은 것이고 아래는 효율성 수준이 낮은 것이다. 이러한 전통적인 방법인 회귀분석은 산출과 투입 관계를 수학적으로 절대적 관계인 함수로 표현하는 방식이다.

그러나 기술의 발전은 같은 투입으로 더 많은 산출을 제공한다. 조직은 생산함수에서의 위치를 변화시킬 수 있다. 문제는 이러한 생산함수를 계산하는 것이다. 생산함수의 계산은 적절한 자료가 거의 없고, 사용할 수 있는 수학적 기법이 충분하지 않기 때문에 매우 어려운 일이다.

특히 공공부분에서 문제는 심각하다. 이러한 문제점을 해결하려 한 것이 상대적 효율성[6]의 개념이다(남기범, 1995: 41-42), (〈표 2-1〉 참조). 프런티어 접근법은 상대적 효율성을 측정할 수 있으며, 가중치를 부여하지 않고, 비효율적 단위를 제시하는 접근법으로 DEA와 FDH기법이 있다.

최근에 생산성 관련 논의의 발전은 생산함수를 수학적 함수에 의해 기술되는 투입·산출관계로서 해석하는 것이 아니라 기업과 기관을 위한 프런티어로서 해석한다. 프런티어는 어떤 주어진 투입에 대한 가능한 최대의 산출이고 주어진 산출에 대한 가능한 최소한의 투입이다. 생산함수는 모든 가능한 투입-산출의 관계에서 최선의 실제 프런티어가 된다. 모든 관찰치는 비능률의 여부를 가리기 위하여 이 프런티어와 관련된다. 프런티어 접근법인 DEA와 FDH(free disposal hull)와 같은 비모수적인 기법이 1970년대 말과 1980년대 초에 시작되었다. 프런티어 접근방법 중 하나인 DEA는 원래 Farrell에

---

6) 상대적 효율성이란 진실한 혹은 이론적인 효율성 값을 모른 채 단순히 비교대상과의 효율성 정도의 차이만을 언급하는 것으로 100%상대적 효율성이란 어떤 DMU가 다른 DMU와 비교하여 어떠한 투입이나 산출의 사용에 있어서 비효율적인 근거가 없을 때 달성된다.

의해 제안된 효율성의 개념으로부터, Charnes, Cooper & Rhodes에 의해
개발되고 Clark에 의해 확장되었다(Farrell, 1957: 253-287; Charnes,
Cooper & Rhodes, 1978: 429-444; Clark, 1989: 264).

〈표 2-1〉 지수화 방식의 비교

지수화 방식 / 항 목	회귀분석에 의한 방법	프런티어(frontier)적 접근방법
투입산출의 관계	함수관계	상대적 효율의 관계
가 중 치	부 여	부여하지 않음
관리전략	제시안함	비효율적 단위에 대한 제시
사 용 예	회귀분석	DEA, FDH

자료: 남기범, 1995: 42.

DEA는 단일 혹은 다수의 투입과 단일 혹은 다수의 산출을 동시에 고려
한다. 이러한 투입 및 산출물과 관련한 각 활동단위의 입장을 최대한 존중
하면서, 선형계획법을 이용하여 단위 투입당 최대의 산출을 가져오는 활동
에 대한 상대적인 효율성을 측정하고 동시에 개선안을 제시하는 분석기법이
다(이기호, 1996: 29).

입력을 출력으로 변환하는 과정에 있어서 효율성을 측정하고 평가하는 방
법은 크게 두 가지로 대별된다. 하나는 모수적, 통계학적, 계량경제학적 생
산프런티어 함수방식이다. 다른 하나는 비모수적 선형계획방식이다. DEA
는 후자에 속하며 특히 몇 가지 점에서 회귀분석에 의한 종전의 방법과 완
전히 다른 발상의 전환을 경제활동분석 및 경영학에 가져왔다.

다시 말하면, DEA는 자료집합내의 유사한 투입과 산출관계를 갖는 모든
의사결정단위를 직접적으로 비교할 수 있게 해 준다. 상대적으로 효율적인
의사결정단위는 1의 효율성의 척도를 얻는다. 반면 상대적으로 비효율적인
의사결정단위는 1보다 작은 효율성의 척도를 얻는다. DEA는 병원, 간호서
비스, 교육 등의 비영리조직의 효율성을 측정하는 도구에서 최근에는 공공

조직의 효율성 측정을 위해 많은 관심을 끌고 있다. 미국의 경우 불구자 의료보험정책, 법원의 행정관리, 공공교육기관, 교정기관, 주정부내 정보서비스담당부서 등과 같은 부문에서 연구가 이루어지고 있다(이장형, 1999: 45-46).

조직 성과측정에 관심을 갖고 있는 많은 연구자들은 비교 가능한 의사결정단위에 대하여 상대적 효율성이나 생산성을 측정하고자 할 것이다. 실제적으로 이들 DMU는 상이한 다수 산출물을 생산하기 위하여 상이한 다수 투입물을 사용한다. 개별 DMU들이 생산한 다수 산출물에 대해 다수 투입물을 동시에 대응시키는 측정기법이 현실의 성과측정을 위해 보다 합리적일 수 있을 것이다(곽영진, 1992: 34). DEA는 각 DMU의 다투입·다산출과 관련된 관찰값을 이용하여 상대적 효율성을 평가하는 데 사용할 수 있다. 한 DMU의 상대적 효율성 평가를 위해 효율적 DMU의 부분집합을 선정하기 위한 최적화 원칙을 사용한다. 피평가(被評價) DMU는 이 최적화 원칙에 의해서 평가된 효율치를 얻게 됨으로서 효율적인지 여부를 평가받게 된다.

기술적으로 비효율적인 조직은 동일한 산출물을 생산하는 데 있어 다른 조직체보다 더 많은 투입물을 소비하는 조직체이다. 피평가조직체가 다른 조직체에 비해 일정 산출물을 얻는 데 더 많은 투입물을 소비하거나 동일량의 투입물을 이용해 생산된 산출물이 상대적으로 부족할 경우 비효율적인 것으로 평가된다. 비효율적인 DMU는 자신이 평가받은 평점을 갖게 되며 평가에 이용된 준거집단을 통해서 관리적 개선방안을 모색할 수 있다. 곽영진(1992: 34-35)은 DEA의 장점을 다섯 가지로 논의하고 있다.

첫째, 관리적 감사도구로서의 이점이 있다. 비영리조직체의 활동과 관련하여 효율적 생산을 위해 필요한 투입량이나 생산된 산출물의 가격은 거의 알려져 있지 않다. DEA는 이용한 물리적 단위만으로 성과측정이 가능하다. 효율성 평점은 물론 개선할 필요가 있는 요소의 수정값도 제시되며 이 값의 크기가 상대적으로 과다한 경우 집중감사를 필요로 하는 대상을 파악하는 데 유용하다. 그러므로 이들 조직에 대한 관리적 감사도구로 이용될 수 있음은 물론이다. DEA를 적용할 경우 영리조직의 성과측정에도 동일한 이점을 갖기 때문에 적용대상에 유연성을 갖는다.

둘째, 모수적 함수형태로 규정된 생산함수를 요구하지 않는다. 모수적 모형은 생산함수에 대한 여러 가지 제약을 수반하거나 잔차항의 분포 및 변수의 독립성에 대한 가정을 필요로 한다. 그러나 DEA는 생산가능 집합에 대한 소수의 기본가정만으로 실증적 생산함수를 포괄할 수 있다. 다투입물·다산출물에 대한 변수를 모형내에서 동시에 고려할 수 있으며 극점기법에 의한 단일의 효율치를 얻을 수 있다.

셋째, 평가척도가 용이하다. DEA에 의해 효율성을 평가하기 위한 투입·산출물의 척도는 화폐단위로 표시된 것은 물론, 물리적 단위로도 가능하기 때문에 측정척도의 취급이 비교적 자유롭다.

넷째, 추가적 정보를 제공한다. DEA는 비효율성을 측정하고 기술적 요인의 과다 투입에 따른 비효율이 존재하면 감소시켜야 할 투입기준을 제공하고 산출 부족에 따른 비효율이 존재하면 개선 가능한 증가기준을 제공한다.

다섯째, 성과의 추세변동과 최적생산규모 식별이 가능하다. DEA를 적용할 경우 개별조직의 성과개선 여부와 최적생산규모점을 식별할 수 있으므로 장·단기계획수립에 유용하다.

반면, DEA가 갖는 단점은 다음과 같다. 첫째, DEA는 기술적 관계를 나타내지 못함으로써 투입자원을 보다 싼 가격에 구입하였는지의 여부나 동일 산출물이라도 보다 좋은 서비스를 제공했는지를 알 수 없다. 둘째, DEA는 효율성 평가시 전체를 비교집단으로 사용하지 못하고 산출과 투입의 비슷한 규모를 갖는 DMUs를 비교대상으로 하기 때문에 모든 집단을 대상으로 한 일률적인 평가를 하기가 곤란하다(황진수, 1995: 24). 셋째, DEA는 다른 평가 방법들과 마찬가지로 투입과 산출 요소에 대한 측정이 가능하여야 하며, 자료간의 동질성이 특히 중요하게 요구된다. 자료간의 동질성은 DMU간의 동질성을 의미하는 것으로서, 자료의 내용이 서로 다른 병원과 학교를 동시에 비교하는 것은 자료의 동질성이 없는 것을 의미한다. 넷째, DEA는 분석대상이 내재적으로 안고 있는 비효율성을 밝혀내지 못한다. 극단적으로 모든 분석대상이 동일한 비효율성을 가진다면 이 방법으로는 어느 것이 비효율적인지 알아낼 수가 없다. 다섯째, DEA는 투입변수와 산출변수에 대한 구체적인 연구 없이 단순히 모형을 적용해 볼 수 있다. 이것은 장점인 동시에 단점이 되기도 한다. 투입변수와 산출변수에 대한 명확한 정의를 내릴 때 발견될 수 있는 여러 가지 오류를 모르고 지나칠 수 있는 위험이 있기 때문이다. 여섯째, DEA에서는 경영에서의 실수나 행운에 의한 결과를 구별하지 않는다. 이렇게 될 경우 효율이 높은 것으로 평가되는 프런티어 상의 기업이 경영상의 실수나 행운에 의해 영향을 받은 경우 그것이 다른 모든 기업에 영향을 가져올 가능성이 크다(김영환, 1999: 25-26). 일곱째, DEA는 변수의 선정과 평가대상의 선정에 따라 그 결과가 어느 정도 변화할 수 있다. 그것은 DEA가 극점들에 의존하는 방법이기 때문에 변수의 선정에 매우 민감하게 반응할 수 있으며, 상대평가이기 때문에 평가대상의 선정범위가 효율성 측정 자체를 크게 좌우할 수 있기 때문이다.

2) DEA의 성립조건

DEA에 의한 상대적 효율성 측정은 선형계획법에 근거한 비모수적인 방법으로서 특정한 함수 형태를 가정하지 않는다. 일반적인 생산가능 집합에 적용되는 몇 가지 가정하에서 평가대상의 경험적 투입물과 산출물 간의 자료를 이용해서 경험적 효율성 프런티어를 도출한 다음 평가대상들이 효율성 프런티어에서 얼마나 떨어져 있는지의 여부로서 비효율성을 측정한다. DEA에서 설정된 가정들은 다음과 같다(이용주, 2000: 130).

첫째, 볼록성(convexity)가정이다. 둘 이상의 임의의 생산점(X_j, Y_j)들이 생산가능 집합에 속하면 그들의 볼록 결합도 역시 생산가능 집합에 속한다. 둘째, 비효율성의 가정이다. 주어진 생산점(X_j, Y_j)이 생산가능 집합

내에 속하면 산출은 동일하나 투입변수를 보다 많이 사용한 점들, 그리고 투입변수는 동일하나 산출량이 보다 작은 점들은 모두 생산가능 집합 내에 속한다. 셋째, 무한확장 가능성의 가정이다. 주어진 생산점(X_j, Y_j)이 생산가능 집합 내에 속하면 그것을 임의의 K배 한 점도 생산가능 집합 내에 속한다. 넷째, 최소 집합의 가정이다. 고려되는 생산가능 집합은 위에 세 가지 특성을 모두 만족하는 모든 집합들의 교집합이다.

여러 가지 산출변수와 투입변수를 고려하는 DEA는 상대적 효율성 값을 계산해 주며, 계산과정에서 각각의 산출 및 투입변수에 대해 미리 결정된 가중치를 필요로 하지 않는다. 또한 DEA는 분석결과를 통해 비효율성이 어느 부분에 발생하며 그 크기는 어느 정도인지에 대한 수치적 정보를 제공해 줌으로서 경영자의 입장에서 효율성을 제고하는데 실질적인 도움을 줄 수 있다.

3) DEA의 수리적 분석

Charnes, Cooper & Rhodes(1978)는 비교대상 DMUs에 대한 상대적 효율성을 결정하는 데 공통적으로 적용될 수 있는 투입물과 산출물에 대한 가중치들을 구하는 것이 어렵다는 것을 인정했다. 따라서 그들은 다수의 산출물과 투입물이 존재할 경우 각각에 대해 서로 다른 가치를 부여해 서로 다른 가중치를 둔다는 점의 합리성을 인정하고 각 DMU가 다른 DMU와 비교하여 가장 유리하게 평가되도록 하는 가중치 집합을 적용하는 것이 인정되어야 한다고 제안했다.

수식은 투입물(X_i)의 선형적 배합(linear combination)에 대한 산출물(Y_i)의 선형적 배합비율을 극대화시키는 가중치(U_r, V_i)를 선택하기 위한 방식으로 만들어진다. 평가되는 각 의사결정개체의 효율성 척도에 대한 제약조건은 선택된 가중치들이 목표함수를 풀 수 있어야 하며, 각 DMU의 효율성이 비교집단내의 최상실행개체의 그것보다 작아야 한다는 것이다. 수식(1)

은 이러한 설명을 수학적으로 보여주고 있다(김건위, 2004: 173-174).

수식 1) Maximize $E_K = \sum_{r=1}^{s} YkrUkr \,/\, \sum_{i=1}^{m} XkrVki$

Subject to

$$E_K = \sum_{r=1}^{s} YkrUkr \,/\, \sum_{i=1}^{m} XkrVki \leq 1,\ j = 1,\, 2,\, \cdots\cdots,\, n$$

$$Vki \geq \varepsilon,\ I = 1,\, 2,\, \cdots\cdots,\, m$$

$$Ukr \geq \varepsilon,\ 1 = 1,\, 2,\, \cdots\cdots,\, s$$

여기서 Ykr r번째 의사결정개체가 사용한 k번째 투입물의 양이며, Xkr 은 r번째 의사결정개체가 사용한 k번째 산출물의 양을 나타내는 것이다. Ukr은 모형 속에서 계산된 산출물 r에 대한 가중치이며 Vkr은 모형 속에서 계산된 r에 대한 가중치이다. 위의 수식은 분수계획(fractional programming) 문제이다.

〈그림 2-2〉 최상실행곡선과 상대적 효율성

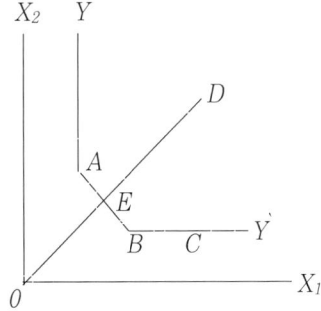

먼저 두 개의 투입물(X_1, X_2)을 사용하여 모두 같은 수준의 산출물(Y)만을 생산하는 다섯 개의 의사결정개체(A, B, C, D, E)을 생각해 보면, 각 의사결정개체는 다른 배합으로 투입물을 사용하고 있다. 이 경우 최상실행곡선(best practice frontier)은 산출물 Y를 생산하는 데 가장 적은 투입물을 사용한 개체들에 의해 정해진다. Farrell에 의하면 관찰된 개체들은 분절적 선형선분(piecewise linear segment)으로 포락된다. 〈그림 2-2〉에서 YY`로 표시된 경계가 최상실행곡선이며, 이는 신고전학파의 생산이론에서 설명하는 등량곡선(isoquant)와 같은 것이다. 이 경우 A, B, C, E점은 최상실행곡선 상에 있으며 가장 효율적인 개체로서 효율성 점수는 1이 된다. 반면 최상실행곡선 상에 있지 않은 D점의 상대적 효율성은 OE / OD가 된다. 실제에 있어 관찰된 투입물과 산출물의 오목외각(convex hull)을 만들 때 복수의 투입물과 복수의 산출물 모델에도 적용될 수 있다(김건위, 2004: 175).

4) DEA의 특성

DEA는 조직의 생산성의 평가와 개선과정에 사용됨으로써 다음의 몇 가지 중요한 특성을 나타낸다(김영환, 1999: 25).

첫째, DEA는 투입과 산출이 여러 가지 있으나 이들을 적절한 방법으로 조합하여 하나의 효율성 지수로 표현하기 힘든 경우에 유용하게 사용할 수 있다. 특히 투입 및 산출물들의 측정단위가 각각 다른 경우(예를 들면 인원수, 시간, 돈)에도 적용가능하고 화폐단위로 표시 불가능하거나 매매의 대상이 될 수 없는 자원의 경우에도 적용이 가능하다.

둘째, DEA는 투입과 산출관계가 유사하면서 더 효율적인 DMU들을 준거집단으로 선정하고 이들과 비교하여 상대평가를 한다. 이에 따라 준거집단을 기준으로 비효율적인 DMU에 대해서 실현 가능한 목표치를 설정하고 비효율성의 정도와 그 원인을 구체적으로 파악할 수 있게 된다. 또한 비효율성의 원인이 순수 기술적인 것인지, 아니면 규모에 의한 것인지를 밝힐 수 있으며, 각 DMU의 규모수익에 대한 특성을 알 수 있다.

셋째, DEA는 투입과 산출에 대한 가중치를 직접 추정하여 평가대상 DMU의 효율성을 추정하기 때문에, 비율분석 등과 같이 경영평가를 위한 항목별 가중치를 사전에 주관적으로 결정할 필요가 없다. 따라서 측정단위가 상이한 여러 가지의 투입변수와 산출변수를 동시적으로 고려할 수 있다.

넷째, DEA는 구체적 생산함수에 관한 정의를 필요로 하지 않고 투입, 산출관계를 구체적으로 몰라도 가능하다. 따라서 DEA는 비영리적이며 공적인 부문을 평가하는 데 유용하게 적용된다. 이들 조직의 산출은 시장경제에 의해 가격결정이 이루어지지 않고 산출에 필요한 투입량의 관계를 명확히 정의하기가 어렵기 때문이다.

다섯째, DEA는 통제할 수 있는 투입이 포함된다면, 효율성을 개선하기 위한 관리전략을 개발할 수 있다. 효율성을 달성하기 위해 산출증대, 투입감소, 혹은 필요한 경우 두 가지 방법 모두를 선택하여 개선전략을 수행할 수 있다. 그리고 DEA는 최선의 성과 달성에 초점을 둔 극단적 방법이다. 각각의 의사결정단위는 가설적인 이상형이나 평균성과가 아니라 모든 다른 의사결정단위와 비교된다(남기범, 1995: 50-51).

5) DEA의 선행연구

여기에서는 DEA를 이용한 외국의 선행연구를 중심으로 논의하고 있다. 이곳에서는 DEA의 개괄적인 선행연구를 연구대상과 변천과정을 중심으로 논의하고 있으며, 투입·산출변수 선정에 관한 DEA의 논의는 본 연구의 제4장 제1절에서 구체적인 논의가 이루어진다.

DEA를 이용하여 조직의 효율성 측정에 적용한 선행연구와 불확실한 자료를 이용하여 효율성을 측정한 외국의 선행연구를 중심으로 살펴보고자 한다. 먼저, 학교와 병원 등 공공서비스적 연구대상을 살펴보면 다음과 같다.

Charnes, Cooper & Rhodes(1978)에 의해 최초로 도입된 DEA는

1980년대와 1990년대에 걸쳐 지속적으로 연구와 적용이 이루어졌다. 이들 연구 중에는 DEA의 이론적인 측면의 연구가 있고, DEA의 적용분야의 확대와 관련한 연구들이 있다. 적용분야는 초기에 병원, 교육기관과 같은 비영리기관으로부터 식당, 은행, 공공서비스부문 등과 심지어 제조업으로까지 확대되어 왔다(이용주, 2000: 130-131).

Charnes, Cooper & Rhodes(1981)는 서로 다른 프로그램을 도입하고 있는 두 그룹에 각각 속해 있는 조직들의 상대적 효율성과 프로그램의 효과에 대한 연구를 발표하였다.

Beasley(1990)는 영국 대학의 물리학과 및 화학과의 효율성을 분석하기 위해 DEA를 적용하였다. 이 연구에서 수주연구비를 산출변수로 보지 않고 지식의 증가를 위한 연구비의 재투자라는 관점에서 투입변수로 간주하였다. 또한 출판부수에 관한 자료를 얻을 수 없는 상황에서 수주연구비를 출판부수라는 산출변수의 대리변수(proxy)로 간주하여 산출변수에도 포함시켜 분석하였다. 그리고 DEA의 현실적인 적용을 위해 가중치를 제한하는 방법을 제한하였다.

Sarafoglou & Haymes(1991)는 스웨덴 지역별 고등교육기관의 효율성 평가를 위해 DEA를 적용하였다. 이 연구에서 경제학과와 경영학과에 초점을 두어 효율성 평가를 실시하였으며, 각 투입변수와 산출변수에 관한 자료를 타 기관으로부터 온라인으로 수집하여 효율성을 평가할 수 있는 전문가 시스템을 제안하였다.

Sinuary-Stern, Mehrez & Barboy(1993)는 Ben Gurion University에 있는 21개의 학과에 관한 효율성 평가를 DEA를 적용하여 실시하였다. 분석에 필요한 투입변수로는 운영비에 관련된 지출비용과 학교 임직원에 대한 급여로 설정하였고, 산출변수는 연구보조금, 출판부수, 모교 대학원으로 진학한 학생수, 그리고 단위교육시간을 고려하였다. 또한 이 연구에서는 DEA를 적용하여 각 학부의 효율성 평점을 산출하는 것뿐만 아니라 모형에 필요한 변수들을 삽입하거나 제거하여 학과 효율성이 변화는 정도에 관하여 분석하고, 군집분석(cluster analysis)과 판별분석(discri-minant analysis)을 통해 나온 결과와 DEA간의 적합도검정(fitting test)을 실시하였다.

Grosskopf, Hayes & William(1997)은 학교들의 학생유치를 위한 경쟁과 학교의 효율성 사이의 관계를 살펴보기 위해 Shephard의 투입거리함수(inter distance function)을 이용하여 다투입, 다산출 상황하에서의 학교의 생산성 평가 기법을 모델링하였다. 이 연구에서는 미 텍사스(Texas)주 학교 관할구를 대상으로 부스트랩재표집(bootstrap resampling) 방법을 이용하여 거리함수를 여러 번 재측정함으로서 교육적 생산에 할당된 비효율성을 테스트하였다. 그 결과 학생들에 대한 학교 간 경쟁이 텍사스주 학교 관할구에 할당된 비효율성을 유의하게 줄일 수 있다는 것을 밝혔다.

다음으로, DEA를 이용하여 은행 및 기업조직의 효율성 측정한 사례를 살펴보면 다음과 같다.

Sherman & Gold(1985)는 미국의 한 저축은행의 14개 지점을 대상으로 은행들 간의 상대적인 운영효율성을 비교·분석하였다. 은행 산출변수로는 거래 건수를 사용하였는데, 은행의 거래 유형을 17개로 나눈 다음 이를 다시 거래 처리의 복잡성과 지점을 유지하는 데 소요되는 자원을 고려하여 4개 유형의 거래로 재분류하여 이를 산출변수로 적용했다. 그리고 투입변수는 노동투입물로 지점당 정규직원의 수를, 자본투입물로 사무실임차료를, 경비로서 지점에서 직접 발생한 총지출 경비를 사용하였다.

Vassiloglou & Giokas(1990)는 그리스의 상업은행의 아테네 지역 20개 지점을 대상으로 효율성을 분석하였다. 이들이 사용한 투입변수는 직원의 노동시간, 여러 지출비용 중 표준 비용에서의 화폐가치, 지점 설치면적, 컴퓨터 터미널 대수이다. 산출변수는 Sherman & Gold(1985)가 사용했던 각 지점의 거래건수를 그대로 사용하여 은행 효율성을 분석하였다.

Shang & Sueyoshi(1995)는 FMS시스템의 선정과정에 적용하였으며, Sueyoshi(1994)는 OECD에 가입한 24개국의 정보통신회사들의 효율성 평가에 관한 연구를 발표하였으며, 일본 정보통신회사인 NTT의 효율성 분석에도 DEA를 적용하였다.

마지막으로, 불확실한 자료를 이용하여 DEA 문제를 해결한 연구에 관해 살펴보면 다음과 같다.

Kao & Liu(1998)은 DEA의 적용에 있어 불확실한 입·출력 자료와 이에 따라 변하는 효율성 지수에 대해 퍼지집합이론을 적용하여 효율성을 산출하는 fuzzy DEA를 제한하였다. 이 연구에서는 퍼지수를 가지는 불확실한 입력 혹은 출력자료에 대하여, a절단법을 적용하여 상한과 하한을 가지는 구간으로 변형하여 DEA에 적용하였다. 또한 제안한 모형을 타이완의 24개 대학 도서관에 적용함에 있어, 분실된 입력자료를 주관적으로 결정한 삼각구성함수를 가지는 퍼지수로 설정하여 효율성을 구하는 분석을 실행하였다.

Kahraman & Tolga(1998)도 마찬가지로 fuzzy DEA를 제안하였다. 이 연구에서는 효율성 지수를 구하는 목적함수에 대하여 상한값과 하한값을 결정하여 부등식으로 변형하고, 제약조건식과 함께 부등호의 크기의 정도를 나타내는 퍼지수의 구성함수로 변형함으로써 DEA에 fuzzy LP를 적용하는 방법론을 제시하였다. 이 연구에서는 이러한 방법론을 통하여 해를 찾는 과정이 의사결정자가 수리적 원인에 대해 정확한 수식화를 해야 하는 부담을 덜 수 있다고 주장하였다.

제3절 지역사회복지관의 효율성 측정에 관한 선행연구

1. 사회복지에서 효율성 측정의 어려움

기본적으로 효율성은 산출물의 가치와 그 산출물을 창출해내기 위해 생산과정에서 소비한 투입물 가치의 비율로 나타낸다. 효율성은 투입물이나 산출물의 시장가격이 존재하는 경우 이 값을 가중치로 이용하여 산출물과 투입물의 가치를 계산할 수 있다. 즉 가치가 높은 것은 가중치가 높고 이와 반대로 가치가 낮은 것은 가중치도 낮게 설정한다. 그러나 산출물의 종류가 다양한 경우에는 투입물의 가치를 적절히 평가하기가 쉽지 않다. 이는 여러 품목들의 생산에 공통적으로 쓰이는 고정비적인 성격을 띠는 투입물의 배분이 어렵기 때문이다. 그리고 효율성 측정은 과거 자료가 충분히 있는 경우에는 단위가격 대신 한계비용[7]을 이용하여 투입물의 총괄가치를 평가할 수도 있다.

그러나 공공성이 짙은 기관이나 부문의 생산성이나 효율성 평가는 쉽지 않다. 단 한 가지만 창출해내는 공공기관은 없으며 교육서비스처럼 산출물을 계량적으로 셀 수 없는 경우도 있다. 그리고 산출물의 가치를 시장가격을 이용하여 평가하기 힘든 경우도 있다[8].

공공서비스의 경우 투입과 산출물이 단일형태로 나타나지 않는다는 데 문제가 있다. 즉 금액으로 환산하기 어려운 다양한 복합적인 투입·산출의 형태를 띠고 있기 때문에 투입·산출측정이 상당히 어렵다. 결국 이러한 투입과 산출의 결합이라는 문제가 효율성 측정의 가장 핵심적인 과제인 것이다.

---

7) 한계비용은 개별 산출물을 한 단위 더 생산할 때 발생하는 총비용의 증가분이다.
8) 시장가격이라는 가중치를 쓸 수 없는 경우에도 전문가의 의견조사, 고객이나 사용자의 의견조사를 통해 산출물의 가치를 간접적으로 평가해 볼 수는 있으나 객관성을 보장하기는 쉽지 않다.

특히 공공서비스의 양적·질적 측면을 동시에 고려해야 하는 것은 당연하지만 실제 공공서비스의 질적 측면의 산출물 파악과 그 가치를 확인할 수 있는 가격이 존재하지 않기 때문에 측정의 논란 여지가 많고 측정의 어려움이 있다(임동진·김상호, 2000: 219).

행정서비스를 서비스 편익이 미치는 범위에 따라 공익적 서비스와 사익적 서비스로 구분하고, 시민생활과 관련하여 시민생활에 꼭 필요한 필수적 서비스와 선택적 서비스로 구분한다면 다음과 같은 4분면을 구성할 수 있다(최창호, 2003: 154-156).

첫째, 공익적·필수적 서비스이다. 공익성이 높고 시민생활을 영위하는데 기초적, 필수적인 서비스 분야이다. 즉 소방, 의무교육, 도로, 공원 등이다. 둘째, 사익적·필수적 서비스이다. 사익성이 높지만 주민생활에 기초적, 필수적 서비스 분야이다. 즉 공용주택, 의료서비스, 장애자 복지 등이다. 셋째, 공익적·선택적 서비스이다. 공익성이 높지만 주민생활을 영위하는데 제2차적 이상의 선택적 서비스 분야이다. 즉 시민회관, 아동관운영, 노인정운영 등이다. 넷째, 사익적·선택적 서비스이다. 사익성이 높고 주민생활의 영위에서 제2차적 이상의 선택적 서비스 분야이다. 즉 주차장, 수영장, 시민휴게실, 스포츠교실 등이다.

사회복지서비스는 공익적·선택적 서비스 성격이 강하다. 따라서 사회복지관 또한 공익적·선택적서비스 성격이 강하다고 할 수 있다. 이러한 공익적 성격이 강한 사회복지관의 효율성을 측정한다는 것은 위에서 논의했던 공공서비스 효율성 측정의 한계를 가지고 있다.

따라서 본 연구에서는 공익적 서비스 성격을 띠고 있는 사회복지관의 효율성을 측정하기 위해서 효율성 측정방법에서 제시했던 함수적 접근법, 생산성 접근법 그리고 비율분석법으로 사회복지관의 효율성을 측정한다는 것은 일정한 한계가 있다고 판단된다. 그래서 본 연구에서는 다투입과 다산출 관계를 갖는 모든 의사결정단위를 직접적으로 비교할 수 있는 DEA에 의한 상대적 효율성 측정방법을 이용하여 사회복지관의 효율성을 측정하고 있다.

DEA에 의한 상대적 효율성 분석은 사회복지분야의 기관의 효율성을 측정하는 데 새로운 방법으로 모색될 수 있다.

2. 지역사회복지관의 효율성 측정사례

사회복지관은 전국적으로 2003년 6월 360개소에 달하며 지역사회복지서비스 전달을 위한 역할을 하고 있으나 문제점 또한 지적되고 있다. 사회복지관은 재정과 인력의 한계로 인해 지역주민의 다양한 복지 욕구에 대해 전문적이고 자율적이며 탄력적인 대응을 못하는 경우도 많다. 또한 사회복지관은 비민주적인 운영으로 후원금 관리의 투명성과 서비스의 책임성에 관한 논란이 있다. 더구나 재정규모가 영세함에도 불구하고 사업들 간의 중복, 경합 등으로 인적·물적 자원의 측면에서 낭비를 초래하는 경우도 있다.

이러한 문제점은 정부와 학계에 사회복지관의 효율성에 대한 논의를 불러일으켰다. 이에 따라 학계에서는 사회복지관의 효율성(최재성, 1999)과 효과성에 관한 연구가 이루어졌다(권선진, 1994). 또한 사회복지관 운영관리의 평가모형개발에 관한 연구가 진행되었다(조운희, 1998). 그리고 정부에서는 1997년 사회복지사업법을 개정하여 2000년도에는 전국 285개 사회복지관을 평가하기에 이르렀다(보건복지부, 2000).

따라서 본 연구에서는 지난 10년간의 사회복지관의 효율성 및 효과성 측정과 평가내용을 중심으로 사회복지관의 효율성 측정사례를 살펴보겠다.[9] 사회복지관의 효율성 측정사례는 평가체계에 관한 연구, 평가모형에 관한 연구 그리고 효과성과 효율성에 관한 연구로 구분하여 논의한다.

먼저, 평가체계에 관한 연구를 살펴보면, 2000년 보건복지부에서 시행한

---

9) 본 연구에서는 효율성을 측정하고 있으나, 효과성과 평가모형, 평가제도 등은 넓은 의미에서 사회복지관의 효율성을 포함하고 있으므로 효율성, 효과성, 평가모형, 평가제도 등에 관한 연구를 함께 소개한다.

사회복지관 평가에서는 평가부문은 크게 조직 및 관리영역, 인력 관리 및 재정영역, 프로그램영역, 지역사회관계영역 등 총 4개 영역으로 구성되어 있다. 이러한 평가부문은 구체적인 질문의 형태로 나타나는 평가문항으로 세분화하고, 각 평가문항은 2-3개의 평가지표로 더욱 세분화되었다. 이 영역들에 속한 하위 평가항목들은 조직과정의 차원에 따라 구조적(투입), 과정적, 결과적 요소들을 나타낸다고 볼 수 있다.

조직관리영역은 사회복지관 사업수행을 위한 하부구조를 형성한다. 사회복지기관은 전문적 인력과 충분한 재정의 확보를 통해서 유형, 무형의 서비스를 제공한다. 사회복지관은 두 영역들을 통해 궁극적으로 효과적인 서비스를 제공하게 된다. 지역사회관계 영역은 사회복지관의 본질적인 기능인 지역사회복지활동을 얼마나 잘 수행하는지를 살펴보는 영역이다. 따라서 조직 및 관리영역과 인력 및 재정영역은 투입으로 볼 수 있고, 프로그램영역과 지역사회관계 영역은 결과로 볼 수 있다. 그리고 조직 및 관리영역을 제외한 3개의 영역들 모두에서는 서비스 생산과정으로서의 과정적 요소들이 포함되어 있다.

각 영역별로 5개, 7개, 6개, 4개 등 모두 22개의 하위영역들이 있다. 다시 이 영역들은 모두 44개 지표항목으로 구성되어 있다. 이렇게 나온 영역별 점수배점은 조직 및 관리 영역(20점), 인력관리 및 재정영역(30점), 프로그램영역(35점), 지역사회관계(15점)으로 총 100점 만점으로 사회복지관을 평가하였다.

3년 후, 2003년에 사회복지사업법시행규칙 제27조에 의거 사회복지시설평가가 이루어졌다. 사회복지시설평가지표 지침서를 보면(보건복지부, 2003: 843-848), 조직 및 시설관리(10점), 인적자원관리(15점), 재정관리(10점), 프로그램(40점), 지역사회관계(10점), 이용자의 만족도 및 평가팀 종합평가(15점)로 구성하였다. 즉 2000년도의 평가와 대별하면, 평가부문은 이용자의 만족도 및 평가팀 종합평가 영역이 추가되었다. 평가점수에는 프로그램과 지역사회관계 영역에서 2000년 평가와 차이를 보이고 있다.

다음으로, 평가모형에 관한 연구를 살펴보면, 정덕규(1997: 122-137)는 민간사회복지전달체계의 모형을 제시하면서, 조직적인 측면, 인력적인 측면, 재정적 측면으로 나누어 민간사회복지전달체계의 모형을 논의하고 있다. 정덕규는 지방정부 차원에서의 지역사회복지의 향상을 도모하기 위해서는 지역사회복지체계에 있어서 지방정부의 기본적 역할은 어떤 것이어야 하고, 사회복지서비스를 위한 인적·물적 자원은 어떻게 확보하며, 나아가 사회복지서비스를 어떻게 효율적으로 전달할 것인가 하는 측면을 중심으로 3영역으로 나누어 모형을 개발하였다.

한편 조운희(1998: 109-111)의 사회복지관 운영관리 평가모형을 살펴보면, 사회복지관의 발달론적인 운영관리평가 순환모형은 일차적으로 기관영역, 직원영역 및 서비스영역의 평가지표를 중심으로 목표달성도를 확인할 수 있는 총괄평가가 이루어진다. 총괄평가의 결과는 한편으로는 주요자원제공자인 사회 환경에 환류되어 사회적인 책임성과 효율성을 확보함으로써 자원을 획득하게 된다. 다른 한편으로는 총괄평가 결과를 바탕으로 조직학습과 발달지향적인 운영관리정보 획득을 위한 개별 사회복지관에 대한 과정평가가 이루어진다. 조운희는 이러한 총괄평가와 과정평가 간에는 유기적 상관성이 존재한다고 논의하고 있다.

관리실제를 위한 운영관리정보를 획득하기 위한 과정평가는 서비스 효과성 도모라는 사회복지관 운영의 궁극적인 목적에 영향을 미치는 기관평가영역, 직원평가영역 그리고 서비스평가영역으로 구분한다. 그리고 기관평가영역과 직원평가영역과의 상관성에 의해 서비스 평가영역에 영향을 미치는 문제확인 및 진술을 통해서, 이용자 중심에서 조직 및 직원개발을 도모함으로써 종합적인 질 관리가 이루어질 수 있는 하위목표를 설정하고 이와 같이 설정된 목표를 달성하기 위한 구체적인 실천계획 및 전략을 수립해서 실행한 바를 총괄평가에 의한 목표달성 정도를 확인하는 순환과정이 요구되는 운영관리평가모형을 제시하고 있다.

끝으로, 효과성과 효율성에 관한 연구를 살펴보면, 권선진(1994)은 사회복지관 조직의 효과성에 관한 연구에서 사회복지관의 효과성 평가를 위한 기준을 외적 효과성과 내적 효과성으로 구분하여, 사회복지관의 조직적 특성별로 효과성을 비교·평가하였다. 사회복지관의 조직산출이라 할 수 있는 외적 효과성 기준으로는 클라이언트의 서비스 만족도와 조직의 클라이언트의 확보 정도를 설정하였다. 조직의 내적 유지활동을 나타내는 효과성 기준으로는 서비스 전달자로서의 중요한 역할을 담당하는 전문인력인 사회복지사의 직무만족도와 복지관의 외부자원의 확보정도를 설정하여 평가하였다.

한편 최재성(1999)은 사회복지서비스조직의 비용효율성에 관한 연구에서 효율성 추정을 위한 기법으로 산업별 각 조직의 효율성 측정을 위해 효율적인 방법(Aigner, Lovell, & Schmidt, 1977; Greene, 1993; Lovell, 1993; Stevenson, 1980)으로 인정받고 있는 확률전선비용분석기법(stochastic frontier cost analysis: SFA)을 사용하여 서울특별시 종합사회복지관을 분석하고 있다. 최재성은 투입요소는 '98년도 11개월간의 총지출을 설정하였다. 총지출에 대응하는 산출요인으로는 이용자 수, 전문프로그램 이용자 수, 프로그램운영실적, 서비스질(98년도 실적평가점수), 상근사회복지사수를 설정하였다. 그리고 사회복지관의 개별특성을 통제하기 위해 임대아파트지역 소재여부, 규모의 가형여부, 저소득층의 자활가능성, 무료사업비비율, 무료이용자비율을 포함시켰다.

위에서 논의한 사회복지관의 평가체계, 평가모형 그리고 효율성과 효과성 측정에 관한 연구는 일정한 한계를 가지고 있다. 첫째, 사회복지관의 평가를 위하여 점수법을 사용하고 있다는 점이다. 점수법은 기준적 요소의 척도에 따라 계량적으로 계측하는 방법으로 널리 이용되고 있으나, 변수 평가점수의 결정에 만족할 만한 입증이 곤란하다는 단점을 가지고 있다. 둘째, 영역간의 가중치를 부여하고 있지 않다는 것이다. 가중치를 부여한다고 하더라도 임의 가중치를 부여하고 있어 가치판단적 요소의 개입의 여지가 크다고 할 수 있다. 셋째, 복지관의 서열화를 조장할 수 있다. 복지관별로 평가점수가 산정되기 때문에 평가점수는 복지관별로 서열화를 조장하여 복지관의 직원들의 사기저하 및 복지관 간의 갈등을 초래할 우려가 있다.

따라서 본 연구에서 사회복지관의 효율성 측정방법으로 이용하고 있는 DEA는 가중치를 사전에 주관적으로 결정할 필요가 없고, 준거집단에 의한 상대적 효율성을 측정하고 있기 때문에 복지관의 서열화를 방지할 수 있다. 그리고 함수적 형태에 대한 가정이 필요 없고, 적은 표본수에도 사용할 수 있다는 점에서 DEA는 사회복지관의 효율성 측정방법으로 유용하게 사용될 수 있다.

3. 지역사회복지관에서 DEA적용의 효과

일반적으로 사회복지관의 효율성 및 생산성의 측정은 모수적 방법을 사용한다. 효율성 측정은 주로 규모 및 범위의 경제에 관한 연구에 초점을 맞추어 왔는데 규모 및 범위의 경제측정이 모든 조직들이 효율적이라는 가정(이윤극대화-비용최소화)하에 이루어지고 있기 때문에 만일 조직들이 효율적인 경제에 있지 않은 경우에는 규모 및 범위의 경제에 관한 연구결과들은 비효율성과 결합되어 과대추정될 가능성이 내포하고 있다. 또한 규모의 경제성은 한계적인 산출물의 변화에 따른 비용의 변화를 측정해 낼 뿐 평균비용이 최소비용점으로 이동할 때 발생하는 편익에 대해서는 설명하지 못하고 있다. 모수적 방법에 의한 효율성 및 생산성 측정은 다음과 같은 한계를 내포하고 있다(신봉근, 2000: 49-51).

첫째, 모든 투입물과 산출물이 화폐액으로 표시됨으로써 가격효과로 인하여 순수한 효율성 측정에 영향을 미칠 수 있다. 둘째, 생산함수보다 비교적 정교하다고 알려진 비용함수와 이윤함수에 있어서 효율성 측정에 사용되는 함수의 형태에 대한 가정이 개입되어 있는 것으로 비용함수의 경우 오차항에 대한 정규, 감마 등 분포의 가정이 필요하다. 셋째, 표본수가 한정되어 있을 경우 신뢰성 있는 함수형태를 추정하기 어렵고, 함수형태설정에 있어서 편의(bias)가 존재할 수 있다는 점이다.

한편 비모수적 방법인 DEA는 프런티어의 형태를 뒷받침하는 함수의 형태나 비효율성의 분포형태에 관해 어떠한 가정도 부과하지 않는다. DEA에는 효율적인 비용이나 투입요소들을 연결해 주는 불연속적인 비용프런티어나 생산프런티어를 이용하여 최소선형 프런티어 상에 있는 복지관은 효율적인 복지관으로 간주하고 다른 복지관들의 비효율성을 이 프런티어 상에 있는 효율적인 복지관과 비교하여 측정한다. 즉 DEA에서 측정되는 효율성의 개념은 절대적 효율성을 의미하는 것이 아니라 효율적 프런티어 상에 있는 복지관을 기준으로 하여 효율성의 정도를 측정하는 상대적 효율성의 개념이다.

이러한 DEA를 이용하여 사회복지관의 효율성을 측정하면 모수적 방법에 비해 다음과 같은 효과를 얻을 수 있다. 첫째, 동일한 환경하에 서비스를 제공하고 있는 복지관들에게 자기가 프런티어 상에 존재하는가 그렇지 못한가에 대한 정보를 제공해 줄 수 있다. 그리고 프런티어 상에 존재하지 않은 복지관은 타 복지관들 중 어떤 복지관들이 프런티어를 구성하고 있으며, 그 중 어떤 복지관이 벤치마킹 대상으로 적절한가 등에 대한 객관적인 해답을 얻을 수 있다. 이와 더불어 프런티어 복지관에 대한 각 복지관의 상대적 효율성 측정치도 측정할 수 있다.

둘째, 복지관 간의 비교뿐만 아니라 이 방법론을 이용하여 복지관 내부의 하부 조직에 대한 미시적 분석이 가능하다. 즉 특정복지관의 투입·산출물에 대한 각 단위의 상대적 효율성의 측정이 가능하다.

셋째, 측정된 효율성을 분석하여 의사결정 및 경영전략 수립에 이용할 수 있다는 점이다. 비용·기술·배분·규모 효율성들을 분석하면 비효율성의 정도 및 원인을 보다 정확히 파악할 수 있으므로 효율성을 제고시키기 위한 경영전략수립 및 의사결정을 확립할 수 있게 된다.

지역사회복지관의 개관과 현황 분석

제3장

지역사회복지관의 개관과 현황 분석

●
●
●

제1절
자치시대의 지역사회복지

1. 지방자치와 지역사회복지

지방자치시대의 지역사회복지는 지역주민이 자발적으로 문제를 발견하고, 해결방안을 강구 및 채택하며, 지역의 자원을 동원하여 지역주민의 노력을 통해 해결하는 방향으로 전개되어야 한다(최일섭, 1988: 11). 지방자치는 지역사회복지가 효과적으로 기능할 수 있도록 관련 주체의 각종 자율성을 보장한다. 그리고 지방자치는 지역의 특성을 반영할 수 있도록 하여 줄 뿐만 아니라, 주민참여를 확대하여 상향적 지역사회복지를 보장하여 준다.

지방자치시대의 지역사회복지는 지역주민의 삶의 질을 향상시킨다. 그리고 지역사회복지는 지역의 공동체 의식을 강화시켜줄 뿐만 아니라, 지역의 참여 의식을 드높여 결과적으로 지방자치의 기반을 강화시킬 수 있다. 따라서 지방 자치와 지역사회복지는 불가분의 상호인과관계, 내지는 상호보완의 관계에 있 다고 볼 수 있다. 이런 점에서 지방자치가 전제되지 않는 지역사회복지는 외 부, 혹은 중앙에 의해 모든 문제해결의 과정이 이루어진다는 점에서 그 가치 를 잃어버릴 수밖에 없다. 따라서 지역사회복지와 괴리된 지방자치, 주민의 실질적 생활향상 없이 그저 정치화된 영역만을 넓히는 수단으로서의 지방자치 는 국민의 원망을 형성할 위험을 내포하고 있다(김용래, 1995: 11-12).

한편 현실적으로 지방자치는 지역사회복지의 발전에 긍정적인 결과를 가 져오고 있는가 하는 문제에 대한 관심 또한 고조되고 있다. 즉 지방자치의 실시가 지역사회복지의 발전에 기여한다는 긍정적인 입장과, 지방자치의 실 시가 오히려 지역간의 복지격차를 확대하고 나아가서 전반적으로 복지수준 을 저하시킬 것이라는 부정적인 입장이 있다.

첫째, 긍정적인 입장에서는 지방자치의 실시가 지역사회복지의 발전에 기 여하게 되고 지방정부의 지역사회복지 노력이 증가하여 지역실정에 맞는 다 양한 복지형태가 나타날 것이라는 주장으로 대체로 지방자치와 민주주의의 관계에 초점을 맞추어 지역사회복지가 증가한다는 것이다(김영모, 1995; 김용래, 1991; 송정부, 1995; 신섭중, 1993; 한원석 외, 1994).

긍정적 입장에서 사회의 민주화는 복지국가의 발전에 거시적·역사적 조 건으로 작용하였으며, 민주주의가 복지국가의 실천 요강이며 전제조건이기 때문에 지방자치의 실시로 지역사회의 민주화가 전반적으로 진전되고 이것 은 지역사회복지의 발전에 기여한다는 것이다. 지역주민의 입장에서는 지방 자치의 실시로 주민들은 자신이 거주하는 지역의 복지에 대해 주체적으로 참여할 수 있는 기회를 가지게 되며 이에 대한 책임의식도 갖게 된다. 또한 지방의회, 민선단체장, 지역정당 등 주민의사 반영의 통로가 제도화됨에 따라 주민의 복지요구를 보다 효과적으로 반영시킬 수 있게 되었다. 이러한 참여민주주의의 발전이 궁극적으로는 지역사회복지의 발전을 가속화시킬 수 있다는 논의이다(최일섭, 1988: 14-17).

둘째, 부정적인 입장에서는 지방자치의 실시로 지역의 사회복지 수준이 오히려 후퇴하거나 지역사회복지에 대한 지방정부의 노력이 감소할 것이라고 보는 주장이다. 이것은 주로 경제적 관점에서 그 논거를 제시하고 있다 (김홍식, 1994; 김성회, 1992; 이인재, 1995).

지방정부는 그 관할지역의 경제성장을 제일의 목표로서 추구하는 합리적인 행위자이며, 이에 따라 지역사회개발 및 경제성장 위주의 정책을 선호한다고 본다. 지방정부가 지역사회의 경제성장에 최우선권을 둔다고 보는 이유는 우선, 관할지역의 경제성장이 전제되어 있지 않으면 지방정부의 운영에 필수적인 재정력의 확보가 곤란해진다. 경제성장은 보편적인 일반지역주민의 지지를 확보할 수 있는 가장 확실한 대안이라고 보기 때문이다. 또한 지역경제성장의 둔화에 따른 기업의 파산, 실업의 증가, 지가의 하락 등은 지방정부의 관료와 정치인들에게 치명적인 결과를 초래할 것이기 때문이다. 이로 인해서 지방정부는 지역의 경제성장을 극대화시킬 수 있는 개발정책을 선호하여 적극적으로 추구하는 대신에 경제성장에 해가 되는 지역사회복지정책은 최대한 기피하게 된다는 논의이다(김홍식, 1994: 239-241).

즉 지방자치시대하에서 지방정부는 자기관할지역으로의 자본유입, 생산적 노동력의 확보와 유지, 세수확보 등을 위해 타 지방정부와 적극적으로 경쟁하게 된다. 이러한 경쟁에서 우위를 추진하기 위해 지방정부는 개발정책은 강화하지만 지역경제에 해가 되는 복지정책은 줄이거나 그 수준을 낮춘다는 것이다(김홍식, 1994: 241-242).

결국, 지방정부는 본질적으로 지역사회의 경제성장 및 지역사회개발정책을 추구하는데 지방자치의 실시로 인해 개발정책이 늘어나 정책결정의 자율성을 이용하여 경제성장을 도모하는 개발정책은 더욱 확대하여 실시하지만 복지정책이나 이에 대한 노력은 상대적으로 감소할 것이라는 것이다.

부정론에 대한 또 다른 논거는 재정력이 부족한 지방정부는 지역주민의 복지수요가 높은 데 비해 지방정부의 재정능력이 부족하기 때문에 중앙정부의 국고보조에 의존할 수밖에 없다. 그 결과 지역주민의 요구보다는 중앙정부의 정책적인 필요에 의하여 사회복지급여를 공급하게 된다. 따라서 지방자치의 실현으로 지역주민의 요구에 부응하는 지역사회복지에 대한 수요가 크기 때문에 상대적으로 지방정부의 지출 중 복지지출이 차지하는 비중이 높아 만성적인 재정부족에 시달리게 되는 어려움을 겪게 된다는 것이다(백종만, 1996: 28-83).

현실적으로, 지방자치의 실시가 지역사회복지의 발전에 긍정적으로 작용할 수 있는 동시에 부정적으로 작용할 수 있는 면이 동시에 존재한다고 볼 수 있다. 그런 의미에서 지방자치와 관련된 지역사회복지의 발전에 대한 긍정론과 부정론은 지방자치가 가지는 두 가지 측면 중에서 어느 한 측면만을 강조하여 지적한 것이라고 볼 수 있다.

지방자치의 도입 그 자체가 자동적으로 지역사회복지의 발전을 가져오는 것은 아니다. 지방자치시대의 지방정부가 주민의 복지요구에 부응하기 위해서는 지방정부의 재정능력의 향상과 지역정치 및 행정의 민주화가 함께 이루어져야 한다. 지방자치제가 제도적으로 보장되고 지방정부가 지역주민을 위한 복지향상을 위해 노력하고자 하더라도 지방정부의 재정구조가 취약하다면 지방자치를 제대로 실시하기가 힘들고 지역사회복지의 실천을 담보받기도 어렵다.

그런데 우리나라 지방정부의 재정은 중앙정부의 재정에 비해 그 규모가 상대적으로 작으며, 아울러 과거 정권의 거점도시 집중개발로 지역간의 경제발전의 격차도 크고 이로 인해 지방재정의 수직적·수평적 재정불균형 현상이 나타나고 있다. 그리고 경제가 낙후된 지역은 대체로 재정구조가 더욱 취약하고 이들 지역에서의 사회복지수요가 더욱 크다는 상식적인 판단에 따른다면 지방재정의 건실화를 전제하지 않는 지방자치는 지방간의 복지격차를 더욱 크게 할 뿐이라는 것을 알 수 있다(이상용, 1995: 278-283).

지방자치제도는 지역사회복지를 증진시킬 수 있는 하나의 기반이며 전제조건은 되지만 그것이 지역사회복지를 보장해 주거나 저절로 증가·확대시

키지는 않는다. 오히려 우리 사회가 안고 있는 문제들이 지방자치의 정착과
정에서 더욱 심화되고 악화되어 지역사회복지를 후퇴시킬 수도 있다. 결국
지방자치를 제도로 정착시켜 지역주민의 의사가 반영되고 실현되는 풀뿌리
민주주의를 구현해 나감은 물론, 동시에 지방재정이 안고 있는 여러 가지
문제들을 해결해 나가야 함을 알 수 있다.

2. 지역사회복지의 의의와 접근방법

1) 지역사회복지의 개념

지역사회복지라는 용어는 1950년대부터 일본에서 사용되어 온 용어로서 오
늘날 지역사회복지란 단순한 정책적 슬로건이나 이념을 의미하는 단순한 개념
은 아니다. 일반적으로 복잡한 실체적 내용을 가진 사회복지서비스 체계와 방
법론적 분야를 포함한 것으로 이해되며 사용되고 있다. 우리나라의 경우에는
지역사회복지 용어 대신에 미국 사회사업의 영향으로 지역사회조직의 원리와
방법에 익숙해 있다. 1970년대 있었던 지역사회개발의 일환으로 시작된 새마
을운동에서부터 지역사회복지라는 용어가 등장하기 시작하였다고 볼 수 있다.

김익균·고순철(1997: 39)은 지역사회복지란 바람직하다고 할 수 있는 표
준적 생활수준에서 볼 때 좋지 않은 상태에 놓여 있는 지역주민 또는 지역사회
에 대하여 개선 또는 향상의 목적을 가지고 있다고 하였다. 이들은 지역사회복
지를 주민주체의 원칙에 입각하여 국가·지방정부 및 주민조직, 민간단체가 협
동하여 소득보장정책, 주거환경정책, 보건의료정책, 교육·문화정책, 노동정
책, 교통·통신정책 등 일반 공공정책과 함께 상호보완적으로 개별적, 종합적,
조직적으로 원조를 해주는 지역정책과 지역활동을 의미한다고 규정하고 있다.

최일섭·류진석(1998: 35-36)은 지역사회복지란 말은 매우 포괄적인 개
념으로 전문 혹은 비전문인력이 지역사회 수준에 개입하여 지역사회에 존재

하는 각종 제도에 영향을 주고, 지역사회 문제를 예방하고 해결하고자 하는 일체의 사회적 노력이라고 말하고 있다.

Branger & Specht(1973: 27-28)는 지역사회복지는 전문화된 사회사업의 한 방법으로서 지역사회를 구성하고 있는 개인, 집단 등의 사회적 복지를 그들이 원하는 방향으로 향상시키기 위하여 지역사회 수준에서 전개되는 일련의 복지계획과 조직화 활동을 의미한다고 하면서 지역사회의 조직화에 초점을 맞추고 있다.

본 연구에서는 지역사회복지를 지역주민과 조직 간에 합의성, 일체감, 공동생활양식, 공통적인 관심과 가치, 그리고 공동노력을 강조하는 일정 지역 안에서의 주민의 복지향상을 목적으로 주민과 공공부문 그리고 지역기업의 일련의 복지서비스의 전달에 관한 행동이라고 정의한다.

2) 지역사회복지의 이념

지역사회복지의 이념은 정상화, 통합화, 주민참가를 들 수 있다(김익균·고순철(1997: 40-42). 첫째, 정상화의 이념은 장애인이 다른 사람과 동등한 생활을 지역사회에서 함께 하는 것을 지향하는 것이다. 즉 장애인의 인권, 가치, 존엄성이 일반시민과 같은 것이며, 장애를 가진 자가 장애를 가지지 않은 자와 함께 생활할 수 있는 사회야말로 정상적인 사회라는 이념이다. 그리고 지역사회복지에서 추구하는 탈시설화, 주민의 참가 등에 의한 재가복지의 구체적인 목적이 정상화의 이념과 밀접한 관계를 가지고 있다.

둘째, 통합화의 이념이란 장애인이나 노인 등 보호대상자가 자신들이 성장한 지역사회에서 일반주민들과 함께 생활해야 한다는 것이다. 최근에는 인간의 기본적 인권존중의 입장에서 복지적 처우는 격리적 보호에서 통합적 처우를 중시하는 방향 또는 시설보호에서 재가복지와 지역사회복지를 중시하는 방향으로 전환되었다. 또한 통합화는 정상화의 이념을 달성하기 위한 주요한 원칙으로서 그 목적은 지역사회의 보호대상자들이 가능한 한 지역주민들과 생활하고 일하는 것을 원칙으로 한다.

셋째, 지역사회복지에서의 주민참가의 이념은 주민들의 자원봉사활동과 밀접한 관계를 유지하고 있다. 주민참가는 그 본질적 표현인 주민주체의 이념이며, 주민자치, 주민복지로서의 주민참가와 분권화의 이념으로서 현대복지국가에서 공통적으로 추구하는 과제이다.

3) 지역사회복지의 필요성

지역사회복지의 유래는 인보관활동[10]이나 자선조직협회운동(the charity organization society: C.O.S) 즉 C.O.S 운동인 각종의 자선단체가 상호연락을 통하여 시혜활동을 함으로서 대상자가 이중·삼중으로 구제받는 것을 방지하고, 구제로부터 대상자가 소외되는 것을 방지하려는 목적으로 조직된 협회활동인 자선조직협회운동에서 그 유래를 찾아볼 수 있다.

그러나 오늘날에는 또 다른 의미로 지역사회복지가 대두되고 있다. 지역사회복지는 선진복지사회에서 새로운 국면을 맞이하고 있다. 즉 시설복지중심에서 재가복지로의 이행이라든가, 최근 구미에서도 널리 알려져 있는 개별복지서비스(personal social service) 또는 정상화(normalization)이론의 대두는 필연적으로 사회복지의 과제가 지역사회와 밀접하게 연계되어 있음을 말해주고 있다. 더구나 국민생활수준의 향상으로 복지 욕구의 다양화 또는 고도화 등으로 인하여 사회복지 욕구는 경제적 욕구에서 비경제적 복지서비스로 그 중심과제가 옮겨지고 있다.

또한 지역사회복지는 급변하는 사회변화의 영향으로 또 다른 지역사회복

---

10) 1884년 S. A. Barnett 목사에 의해 설립된 영국의 Toynbee Hall, 1889년 Jane Addams에 의해 설립된 미국의 Hull House, 1897년 가타야마 신(片山 潛)에 의해 설립된 일본의 Kingsley관은 이들 나라의 최초의 인보관(settlement house)으로 불리고 있다. 세계 최초의 인보관인 영국의 토인비 홀은 영국은 물론 사회복지를 공부하는 후학들에게 인보관과 자선조직화운동(C.O.S)에 참여한 선구자들을 공부할 때 연구의 대상이 된다. 또한 영국의 토인비 홀의 사업은 전세계 지역사회복지 (community work)기관과 사회사업가들에게 바이블로 불려올 정도로 모범이 되어왔다(김범수, 2000: 59).

지가 대두되고 있다. 이러한 변화와 더불어 岡村重夫(1973: 9-10)는 사회복지분야에서 지역사회복지 전개의 필요성을 다음과 같이 열거하고 있다. 첫째, 사회복지의 기본적인 기능을 발휘하고 그 목적을 달성하기 위해서 그 지향하는 바가 생활 문제 발생의 근원인 지역사회이어야 한다. 둘째, 사회복지의 수혜자가 갖는 생활상의 욕구를 충족하기 위해서는 지역사회에서 그들이 갖는 모든 사회관계를 유지·발전시키는 방향으로 원조하여야 한다. 지역사회관계나 가족관계를 단절시키는 보호는 참된 사회복지의 원조가 아니다. 셋째, 문제 발생 후의 사후적 대처보다는 문제 발생을 예방하는 대책중심의 지역사회복지가 더욱 효과적이다. 넷째, 주민의 생활 문제와 관련되는 사회제도나 사회적 시책의 입안·실시·운영에 있어서 주민의 참여는 절대적으로 필요하다. 이때 지역주민과 수혜대상자가 같다면 효과적인 주민참여가 용이하게 된다. 따라서 주민과 보다 밀접한 지역사회복지가 활성화되어야 한다. 민주적인 주민참가를 가능케 하는 지역사회야말로 사회복지의 최대 관심사이다.

지역사회복지는 인간의 행복을 추구하기 위한 사회적 노력이고 정책은 그러한 목적과 수단을 지배하는 원리이다(한국사회복지협의회, 1989: 14). 인간의 행복은 나라와 시대에 따라 상이하지만 인간의 행복을 추구하기 위한 사회적 노력인 사회복지는 법적 서비스와 자발적 서비스에 의하여 사회적 요구를 해결하여 왔다. 오늘날의 지역사회복지는 자주적이고 전문적인 사회복지사업의 모색이 최대의 과제이다. 이러한 과제를 달성하기 위해서는 지역주민의 주체적이고 조직적인 참여에 의한 활동이 요청되고 있다. 즉 지역주민의 자발적인 노력에 의한 지역사회복지의 활성화가 요청된다. 지역사회복지의 궁극적인 목적을 지역주민의 공통문제의식을 바탕으로 하여 그들의 자발적인 문제해결의 실천과정을 통해 문제해결에 대한 자신감과 실천능력을 키우는 것이다. 키워진 능력이 새로운 문제의 해결 혹은 욕구충족을 위하여 다시 동원되므로 결국 한 지역이 스스로 복지사회를 향해 발전시켜 나가는 과정이라 할 수 있다.

그리고 사회적 욕구는 사회복지서비스의 필수적인 전제요건이며, 사회복지서비스는 사회적 욕구에 대응하는 수단이다. 나아가 사회복지정책 내지

사회복지행정의 목적과 수단은 사회적 요구에 기초하여야 하고 사회적 요구
의 해결은 사회복지정책 내지 사회복지행정의 목적과 수단을 합리적으로 계
획하는 데 달려 있음을 알 수 있다. 따라서 지역사회복지정책은 합리적인
계획으로 지역사회의 욕구를 기초로 하는 것을 전제로 추진하여야 된다.

4) 지역사회복지의 과제

지역사회복지는 일반사회복지와는 달리 지역사회를 기본 단위로 하는 사
회복지이다. 또한 지역사회복지는 주민조직과 민간단체 또는 행정기관이 협
력관계를 유지하는 것을 특징으로 한다. 사회복지가 주민전체에 대하여 생
활향상 및 편의성을 제공하면서 소외계층의 복지에 힘쓰는 반면, 지역사회
복지는 시설중심의 복지와 대인중심의 복지로 구분된다. 시설중심의 복지는
종합복지기관, 지역사회복지관, 어린이 놀이터, 경로당, 고아원, 양로원 등
의 시설을 통해 주민복지를 실현하는 것을 의미한다. 대인중심의 사회복지
는 생활보호대상자에 대한 생활급의 지급, 각종보험, 봉사활동 등 어려운
사람을 대상으로 하는 사회복지를 의미한다.

지역사회복지는 지방정부 및 공공기관이 수행의 주체가 되지만 일방적인
관주도형이라기보다는 주민의 필요에 의해서 관리되는 주민요구 지향적으로
수행되어야 한다. 주민 조직이 주체가 되어 어떠한 계획을 수립하고 자체의
자원을 갖고 추진하여야 하나 주민들은 전문인력·자금·기술의 부족으로
사회활동이 어렵기 때문에 지방정부의 인력, 예산 등 적극적인 뒷받침이 필
요한 특징을 갖고 있다(이병렬, 1996: 21).

지역사회복지는 사회복지서비스의 한 분야를 구성한다는 것보다는 지역사
회주민의 복지향상을 도모한다는 목적인 개념으로 생각할 수 있다. 즉 목적
개념으로서의 지역사회복지가 구체적으로 생활상의 과제를 해결하려는 실천
서비스를 제공하는 실천개념의 성격도 강하다. 그리고 지역사회복지는 지역
주민이나 지역사회의 공공이익에 초점을 두고 지역사회의 공동체적인 문제에

관심을 가지고 접근해야 한다. 지역사회복지의 실천을 위해서는 지방정부의 역할이 어떠한 사회복지의 분야보다도 중요한 부분을 차지하고 있다. 또한 문제해결의 과정에서도 전문가의 직접적인 원조도 중요하겠지만 지역사회주민들이 주도적인 역할을 하여야 한다(김익균·고순철, 1997: 42-43).

지역사회복지는 다음과 같은 특징을 갖는다(최재원, 1991: 181-185). 첫째, 지역사회복지는 지역중심의 복지체계. 지역사회의 특성과 지역주민의 욕구에 따라 복지정책이 수립되고 집행되어야 한다. 즉 지역사회자체의 정책결정과 프로그램 개발에 의해 실천되어야 한다. 둘째, 지역사회복지는 지역사회주민의 적극적인 참여가 이루어져야 한다. 즉 중앙집권적인 복지체계에 있어서 지역사회주민은 단지 복지서비스의 수혜자(beneficiary 혹은 consumer)일 뿐이며, 서비스의 공급자(provider 혹은 producer)라는 의식이 존재하지 않는다. 그러나 지역사회 중심의 복지체계에 있어서는 지역주민은 수혜자임과 동시에 서비스의 공급자로서의 이중적인 역할을 하게 되는 것이다. 따라서 지역사회주민들은 지역사회의 복지문제에 보다 많은 관심을 갖게 되고 수혜는 물론 지원도 하게 된다. 셋째, 지역사회복지는 사회복지 대상자의 증가와 관련이 있다. 이러한 대상자의 증가는 사회복지전문기관, 시설만으로 문제를 해결할 수 없다. 이처럼 지역사회복지는 대상자의 증대에 따른 주민복지시설의 증설을 필요로 한다. 따라서 지역사회복지 활동은 지역주민의 적극적인 복지의식과 주체적 참여를 바탕으로 추진되어야 한다. 넷째, 지역사회복지는 지방재원의 한계성을 극복하기 위해 지역사회조직 및 자원 활용이 필요하다. 여섯째, 지역사회복지는 사회복지 욕구의 변화에 의해 확대된다. 오늘날 사회적 욕구의 변화는 물질적 욕구뿐만 아니라 비물질적, 정신적, 내면적 욕구도 증가함에 따라 사회복지의 역할과 방법도 보다 넓은 의미에서 물질적, 비물질적 욕구를 모두 충족시키는 방법이 요구된다.

5) 지역사회복지의 접근방법

지역사회복지는 대개 구조적으로 다루려는 접근과 지역사회를 기능적으로 다루려는 접근방법으로 크게 나누어 볼 수 있다. 그리고 개념적으로 전자를 구조적 접근방법, 후자를 기능적 접근방법으로 부르고 있다(김익균·고순철, 1997: 45-46).

(1) 구조적 접근방법

이 접근방법은 지역사회복지가 성립하는 조건을 계급·계층적인 자본주의 사회로 인정하여 대체로 빈곤한 저소득층에 대해 그 생활수준의 저변을 지원하는 공적 정책을 다루고자 하는 것이다. 즉 사회복지이론에 있어서 제도정책론이나 운동론·노동론의 기초를 지역사회복지라고 보면서 지역사회복지를 정책·제도로서 다루고 있는 데 있다. 그리고 이 접근방법은 정책제도론적 접근과 운동론적 접근의 두 가지 연구의 흐름 속에서 형성되어 왔다.

정책제도론적 접근방법에서 지역사회복지는 생활권(生活權)과 생활권(生活圈)을 기반으로 하는 일정한 지역사회에서 경제·사회조건에 따라 지역주민이 담당해 왔던 생활 문제를 생활원칙, 권리원칙, 주민주체원칙에 입각해서 경감 내지는 제거하거나 문제의 발생을 예방하고, 노동자와 지역주민이 주체적으로 생활전체의 평균적인 수준을 유지하고 더 나아가서 좀더 높은 수준으로 높이기 위한 사회적 시책과 방법을 말한다. 구체적으로는 노동자와 지역주민의 생활권 보장과 개개인의 사회적 자아실현을 목적으로 하는 공사의 제도 및 서비스체계와 지역복지계획, 지역의 조직화, 주민운동을 기초요건으로 하는 것을 말한다(住谷 外, 1973: 1).

운동론적 접근방법은 운동적 요소를 중시하는 동시에 지역사회복지의 구성요소도 폭넓게 보고 있다. 이 접근방법에 의하면 지역복지의 대상은 산업정책을 통하여 지역의 경제적 기반을 강화시키고 주민의 생활기반을 발전시키는 것과 과밀·과소문제에서 볼 수 있듯이, 생활의 사회적·공동적인 재생산의 부분적인 지연이나 왜곡을 바로잡는 일이며, 이상의 조치들은 주민의 자주적인 참여(운동)를 바탕으로 해서 수행되어진다는 것이다(김필두, 1994: 173).

(2) 기능적 접근방법

기능적 접근방법은 지역사회복지를 우선 특수·역사적 범주로 하지 않고 욕구와 자원의 대응관계, 수급체계로서 다루고 있다. 즉 지역사회복지를 일정한 지역사회에 있어서 욕구충족의 기능체계로 간주하는 것으로, 지역주민에 대한 표준적 생활을 보편적으로 보장하려고 하는 공사의 복합적 연결망으로 생각하는 연구접근이다. 따라서 지역사회복지는 어느 시대에도 보편적으로 존재하는 일종의 「상호부조」의 현대판으로 취급한다. 지역사회복지는 지역사회복지시책이 존립하는 사회에 적합적인 형태를 취하는 것으로 생각할 수 있다. 그리고 현대적인 욕구충족체계로서의 지역사회복지는 사회계층보다도 요구호자를 중심으로 하는 생활시책의 하나라고 이해한다. 때문에 이용자 부담에 관해서는 비교적 허용적이며 지역복지의 시책·활동전개에 있어서도 공사의 협동 연결망을 강조하는 입장이다(신섭중 외역, 1997: 522).

기능적 접근방법은 다시 주체론적 접근방법과 자원론적 접근방법으로 나누어진다. 전자는 복지서비스를 받는 주민과 요구호자들의 입장에서 지역복지의 체계를 기능적으로 전개하려는 것이다. 이에 반하여, 후자는 복지서비스의 공급자 입장에서 지역적 특성이나 제약조건 등을 고려하여 지역복지서비스의 공급체계를 구상하는 것이라고 할 수 있다.

3. 공공부문과 민간부문의 사회복지서비스 역할분담

1) 사회복지서비스 역할분담의 개념

우리나라 사회복지는 전반적인 보수적인 사회 환경에 의해 자발적인 발전을 기대하기는 어려운 상황이다. 더구나 신보수주의 사상의 도입으로 사회복지재정을 확충하기보다는 민간부문의 사회복지 참여를 적극적으로 권장하고 있다. 이처럼 정부와 민간의 사회복지의 역할이 불분명할 경우, 이중적인 자원낭비를 초래할 수 있고, 체계적인 사회복지의 발전에 어려움을 겪게 될 가능성이 높다(김만두, 1987: 8-9).

오늘날 복지부문에 있어서는 민간부문이 점차 국가 책임의 확장과 자체 유지능력의 부족으로 인해 소유권과 운영권은 민간이 담당하지만 재정면에서는 많은 부분을 국가에서 지원받음과 동시에 규제를 받고 있다. 또한 현대사회에서 기업의 비중이 점차 증가하고 이들의 책임에 대한 인식이 증가됨에 따라 민간부문으로서의 기업의 역할이 증대되어 가고 있다. 이러한 상황은 공공사회복지와 민간사회복지 간의 구분을 어렵게 하는 원인이 되고 있다.

민간부문과 공공부문의 구분의 불명확성과 모호성 때문에 이를 구분 짓기 위한 기준설정에 대해서도 학자들 간의 견해 차이를 보이고 있다. 김태성(1992: 60)은 사회복지 제공기관의 소유자, 재원, 운영을 기준으로 "순수한 공공부문은 사회복지를 제공하는 기관의 소유자가 정부이고, 재원이 전부 정부예산에서 나오며, 그 운영을 공무원들이 하는 형태이다. 반면 순수한 민간부문은 기관의 소유자가 민간인이고, 재원도 민간인에게 나오며, 운영도 민간인이 하고, 정부로부터의 규제도 받지 않는 동시에 세제상 혜택도 받지 않아 정부에 대한 책임도 없는 형태이다"라고 하는 견해를 가지고 있다.

김만두(1987: 9)는 "공적사회복지란 국가 혹은 지방정부에 의해 기획하고, 조세재원을 가지고 운영, 실천되는 사회복지서비스를 의미하고, 민간사회복지는 자유의지를 기초로, 자발적 선택에 의해서 조직되고 전부 혹은 일부를 민간자금을 재원으로 기획, 운영되는 사회복지서비스를 의미하는 것"이라는 견해를 가지고 있다.

Glennerster(1985: 3-6)은 생산과 소비의 개념을 구체화하여 서비스와 재원의 기준에서 개념화를 하는데 서비스는 민간, 공공으로 구분하고 재원은 완전공공, 완전민간, 부분공공, 부분민간으로 세분하여 두 가지의 차원에서 6가지 형태로 구분하고 있다(〈표 3-1〉 참조).

〈표 3-1〉 Glennerster의 공사부문 개념 모형

구 분		서비스제공			
		공 공		민 간	
재원	공공	공공서비스 완전공공재원 I	부분공공 / 부분민간재원에 의한 공공서비스 III	부분공공 / 부분민간재원에 의한 민간서비스 IV	민간서비스 완전공공재원 V
	민간	공공서비스 완전민간재원 II			민간서비스 완전민간재원 VI

자료: Glennerster, 1985: 3-6; 박광덕, 1997: 176에서 재인용.

2) 공공부문과 민간부문의 사회복지서비스 특징

공공부문과 민간부문의 책임과 역할에 대한 기준은 다음과 같이 구분할 수 있다(三浦文夫(1985: 107). 첫째, 필요한 서비스가 시장기제를 통해서는 조달할 수 없는 것이며, 욕구가 처음부터 가족의 욕구충족 기능으로서는 처리될 수 없는 경우는 공공부문의 책임에 귀속시켜야 한다.

둘째, 공·사의 어느 부문의 책임이 명백하지 않으나 공적으로 자원조달을 하는 것이 바람직한 것이어야 한다. 즉 필요한 자원을 시장의 원리에 의해 조달할 수는 있으나 필요한 양의 확보가 곤란한 경우와 가족의 욕구충족 기능에 의해서는 반드시 충분하게 해결되지는 않으나 가족에 대해 일정한 원조를 해주면 그 욕구충족 기능이 회복될 수 있는 경우이다.

셋째, 공·사 어느 부문의 책임이 명백하지 않으나 민간부문의 욕구충족 기구에 맡기는 편이 보다 효율적인 경우이다. 즉 필요한 자원이 시장의 원리에 의해 조달될 수 있는 경우, 욕구충족이 표준적인 가족에서 이루어질 수 있는 경우이다.

넷째, 민간부문에 맡기는 것이 바람직한 경우이다. 필요한 자원이 시장의 원리나 가족의 욕구충족 기능을 통해 조달할 수 있고 욕구충족이 임의적, 선택적, 추가적인 경우이다(정덕규, 1997: 16-17).

Kramer(1987: 243)는 공공부문과 민간부문의 특징은 철학, 대표성, 기능결정주체, 정책결정주체, 책임성의 대상, 서비스의 범위, 경영규모, 운영방식, 조직 및 프로그램 규모 등의 차원에서 차이가 있다는 견해를 밝히고 있다(〈표 3-2〉 참조).

Swift는 공공사회복지전달체계의 의무로 다섯 가지를 제시하였다(정덕규, 1997: 21-23에서 재인용). 첫째, 궁극적으로 공공부문의 사회복지는 지역사회의 대다수 국민이 필요로 하는 서비스를 제공하지 않으면 안 되고 사회의 일반적 수준을 훨씬 넘는 서비스는 제공할 수 없다. 둘째, 공공부문의 사회복지활동분야는 주로 이미 그 지역사회에 의해서 받아들여진 제반방법의 개선과 기능의 개발 혹은 정부의 재원과 권위를 필요로 하는 제반서비스를 수행하는 것이다. 셋째, 공공부문의 사회복지는 정부의 수단으로서 제반기능은 타 부처의 기능과 긴밀한 관계를 갖지 않으면 안 된다. 따라서 정부기관은 타 부처의 제반 변화에 영향을 받는 것은 당연하고 이에 따라 인사이동과 사업방침의 변경을 수반하는 것이다. 넷째, 공공부문의 사회복지는 실업문제 등과 같이 사회가 기본적으로 해결할 수 없는 사회적, 경제적 불평등을 줄이기 위해서 사회적 승인의 수단으로서 활동하는 것이다.

〈표 3-2〉 공공사회복지체계와 민간사회복지체계 간의 차이점

차이영역	공공사회복지체계	민간사회복지체계
철학	정의	자선
대표성	다수를 대표	소수를 대표
서비스제공근거	수혜자의 법적 권리	시혜
재원	세금	기부금, 사용료, 정부보조금
기능결정주체	법	선발된 대표자
정책결정주체	의회	규정에 의해 지정된 이사회
책임성 대상	의회를 경유하여 투표자들에게	이사회를 경유하여 지원자들에게
서비스범위	포괄적	제한적
운영구조	크고 관료주의적	작고 관료주의적
서비스운영방식	일률적	다변적
조직과 프로그램 규모	크다	적다

자료: Kramer, 1987: 243.

민간부문의 사회복지의 특징에 대해서도 Swift는 다섯 가지를 지적하고 있다(정덕규, 1997: 21-23에서 재인용). 첫째, 민간부문의 사회복지는 국민 대다수가 아직 인정하고 있지 않은 인간적 욕구에 대응할 수가 있다. 서비스의 방법도 국민 대다수가 알지 못하는 경우도 있고, 기존의 공적 활동에 의해서 수용되지 않은 경우가 있다는 것이다. 둘째, 민간부문의 사회복지를 지원하는 집단은 지역사회내의 소수로 형성되는 특별한 관심을 가지고 있는 사람이나 지식인 시민집단인 것이다. 따라서 민간사회복지전달체계의 기능의 하나는 그것을 지지하는 소수자의 범위를 확대하는 것이다. 셋째, 민간부문의 사회복지는 다수자가 아직 인식하지 않은 여러 가지 서비스를 수행하거나 개혁하거나 실험을 강조하거나 법률 또는 관습에 의해 공공기관에 부과된 여러 가지 제한점으로부터 발생하는 프로그램을 보충해줌으로써 적어도 공공부문의 사회복지와 중복되지 않고 보완할 수가 있다는 것이다. 넷째, 민간사회복지전달체계에 대한 재원은 제한되어 있기 때문에 일정한 분류대상에 속하는 서비스를 제공할 수가 없다는 것이다. 다섯째, 민간사회복지전달체계는 개별적인 가족과 전문적 사회복지사가 통제할 수 없는 경제적 조건에서 발생하는 문제와는 다른 개별적인 인간관계적 부적응 문제를 잘 처리할 수 있는 조건을 갖고 있다는 것이다.

3) 공공부문과 민간부문의 역할분담이론

정부와 민간의 역할은 상호관련성이라는 측면에서 이해되어져야 하는바, 가장 효과적이고 효율적인 서비스를 제공할 수 있는 공공, 민간의 사회복지역할 분담에 대해 다음의 다섯 가지 모델을 제시할 수 있다(정덕규, 1997: 18).

첫째, 평행봉 이론(parellel bars theory)이다. 이 이론은 영국에서 자선조직협회(charity organization society)가 설립된 1869년 당시 구빈국장이었던 Goschen의 '영국 구빈법 위원회의 각서'에서 볼 수 있는 견해로 정부와 민간이 시행하는 원조는 각각 다른 범주에 속한 사례를 담당하는

것으로 마치 평행한 두 개의 봉에 비유될 수 있다는 견해이다. 이 이론은
사례의 특성에 따라 공·사가 분담할 것을 달리해야 한다는 것으로서 민간
의 목적은 공공기관의 기준과 실천에 협력적인 영향을 미치도록 해야 하며,
그 구체적인 역할은 혁신자(innovator), 기준설정자(setter of standards),
평가자(monitor), 옹호자(advocator)여야 한다는 것이다.

평행봉 이론은 공공부문의 사회복지와 민간부문의 사회복지에 있어서는 그
취급하는 대상자를 명백하게 구분하고 각기 독립적인 활동을 전개해 나가는
것이 합리적이고 효과적이라는 것이다. 기계적이고 사무적이고 정치적으로
클라이언트를 취급하는 공공사회복지는 클라이언트의 치료·재활·자립의
실천이 불가능하기 때문에 클라이언트를 사회로부터 분리하여 수용하는 보
호적 기능을 담당하고 민간사회복지는 자립과 재활이 가능한 클라이언트를
대상으로 치료해야 한다는 것이다(김만두, 1987: 11).

둘째, 확장사다리 이론(extention ladder theory)이다. 국가는 문화적
인 생활을 영위하는 데 필요한 국가가 규정하는 '국민적 최소 수준(national
minimum)'을 모든 시민에게 보장하며, 민간기관들은 국가만이 보장할 수
있는 상대적으로 낮은 최저수준을 넘어서서 그 기준을 높이는 역할을 해야 한
다는 것이다.

이 이론은 가장 기초적인 부분인 국민의 최저 생활은 국가 책임하에 보편
적으로 보장하고 그것을 기초로 점차 상층부분에는 민간의 사회복지서비스
를 위치시켜 나가는 방식을 주장하는 것이다(김만두, 1987: 13). 민간은
공적 서비스가 미치지 못하는 독창적인 활동 즉 대상자들이 신체적, 도덕적
으로 더 나은 완성을 위해 다양하고 전문적인 서비스를 제공받을 수 있도록
하여 국가가 제공하는 최저수준 너머로 사다리의 윗부분에 신축성 있는 확
장 사다리를 세우는 역할을 해야 한다는 것이다. 확장사다리 이론은 20세기
이후에 사회복지에 대한 국가책임론과 전통적으로 사회복지에서 큰 역할을
담당했던 민간부문의 역할에 대한 시대적 입장을 반영한 것이라 할 수 있다
(정덕규, 1997: 20).

셋째, 공공만능론이다. 이 이론은 민간만능론과는 대조되는 민간사회복지 부정론으로 Helen Clark이 이론의 표본으로써 1945년의 위스콘신 주 방송국의 토론에서 제시되었다. 이 견해에 의하면 사회복지 대상자는 모두 자본주의 사회의 제도적 결함에서 발생하였으므로 사회복지의 효과적 운영은 그 원인과 관련하여 시행되어야 한다. 그런데 국가의 경우 재원은 모두 조세이고, 조세를 부담하는 주체는 국민이므로 국민은 당연히 조세의 용도에 주목하게 되고, 이 때문에 국민은 싫든 좋든 간에 자본주의 제도의 결함에 눈을 돌리게 되므로, 조세에 의해 시행되는 국가의 사회복지 서비스만이 사회복지 문제의 원인에 대한 국민의 주의를 집중시키고, 그 결함을 체크하는 데 관심을 가지게 한다는 것이다.

이 이론은 근대 사회의 논리 즉 빈곤, 실업, 질병 등으로 인한 인간의 기본적 욕구를 해결하는 것이 국가의 책임이라는 점을 명백히 하면서, 민간은 그 자체가 가지는 특성으로 인해 독자적인 역할을 할 수 없다고 주장함으로써 평행봉이론과 대조를 이루고 있다.

넷째, 공공대행론(public agent theory)이다. 이 이론은 상당량의 공공자금이 민간부문에 투입됨으로써 비롯된 것으로, 주로 공공부문은 정부의 규제를 통해 바람직한 목적달성을 민간부문을 통해 이룰 수 있다는 것이다.

이 이론은 1970년대 이후 영국과 미국에서 널리 받아들여지고 있는 논의로 1976년에 열린 미국의 전국사회복지대회에서 Kahn은 개별적 사회서비스에 대한 민간의 역할에 관해 평가하면서 기존의 평행봉이론과 확장 사다리이론의 한계점을 지적하면서 제시되었다. 이 이론은 사회복지비의 증가에 따른 복지국가의 퇴조에 사회복지서비스 전달주체 면에서의 민영화를 반영하고 있는 이론이라고 할 수 있다(백종만, 1994: 21).

다섯째, 공·사부문의 상호협조이론이다. 미국에서 1930년대 경제대공황이 발생하였을 당시 민간기관에 대한 정부보조금을 대폭 삭감 또는 중단되었다. 이때 Swift는 "지역사회복지와 구제기획에 있어서 공사의 새로운 역할"이라는 논문을 발표하여 사회복지에 있어서 공사의 기본적 성격을 밝히는 동시에 상호협조관계를 명백히 하려고 시도했다(岡村重夫, 1973: 231-232).

여섯째, 공사간의 비판적 상호협조이론이다. 영국의 Hall(1952: 356-357)은 1950년대에 공사의 협조론을 검토하면서 공사관계는 단순한 협조에 끝나서는 안 되고 나아가 상호건설적 비판관계여야 한다는 견해를 제시하고 있다. 사회보장제도의 발달과 공공부문의 사회복지의 확대는 전통적인 공사관계의 틀을 벗어나 새로운 협조관계의 확립을 요청한다. 따라서 이 양자는 역사적 발전 속에서 구축해 온 각기의 고유기능을 말살하는 협조가 아니고, 일방적 책임전가를 하는 것도 진정한 협력이 되기 위해서는 협조의 방식, 조건을 전제하고 이질적인 것이 상호결합되는 문제해결의 협동 속에서 새로운 방향을 찾아야 한다는 것이다(정덕규, 1997: 23).

제2절
지역사회복지관의 역할

1. 지역사회복지관의 설립배경

지역사회복지관(community welfare center)은 각 나라의 사회경제적, 문화적 상황에 따라 의미가 다양하며 시대적, 역사적 요청에 따라 변화되고 있으며 각 지역의 특수성을 고려하여 전개되고 있다. 또한 지역사회복지 성격자체의 관점에 따라 다르게 파악되기도 한다. 지역사회복지관의 견해로서, 지역사회복지관은 지역사회의 충족되지 않은 욕구와 문제를 발견해서 주민들에게 필요한 서비스를 제공하는 직접서비스 기관으로 정의하고 있다(최일섭·류진석, 1998: 319).

지역사회복지관은 1880년대 영국과 미국의 인보관운동(social settle-ment movement)에서 그 기원을 찾을 수 있다. 인보관운동은 도시화, 산업화, 공업화에 따른 빈부의 격차와 도시의 인구집중 그리고 이로 인한 생활환경의 악화 등의 사회문제 발생 지역을 중심으로 나타난 것이다. 이러한 운동은 지역사회 주민들의 노력으로 빈곤을 필두로 하는 제반 문제를 해결하기 위한 목적에서 지식인들이 빈민지역에 정주하여 빈민들로 하여금 빈곤의 실상과 원인을 파악하고, 이에서 탈피하도록 빈민들의 인간적 능력을 개발시키기 위하여 조직되었다. 이러한 지역사회복지관은 영국의 영향을 받아 미국에서도 이민 인구가 많은 지역에 설립되었다. 현재 프랑스, 이태리 등의 유럽국가나 한국, 일본, 홍콩, 필리핀 등 동남아 국가의 대부분이 지역사회복지관 사업을 전개하고 있다.

영국에서 Dennison와 Barnett목사가 1884년 런던 동부 빈민지역에 Toynbee Hall을 설립하였는데 이것이 최초 지역사회복지관의 유래이다. 미국의 경우 1889년 Addams가 시카고 지역에 설립한 Hull House가 미국 최초의 지역사회복지관이다. 미국에서의 본격적인 지역사회복지관의 사업은 1960년 존슨 행정부의 지역사회행동 프로그램에서 출발하고 있다. 현재 미국은 천개 이상의 복지관이 있으며 여가활동, 사회교육, 아동복지, 가정복지, 사회행동, 취업, 주택, 보건 등 다양한 분야에서 주민들의 생활욕구를 충족하기 위하여 전문적인 활동을 하고 있다.

미국의 지역사회복지관은 구제의 필요가 있는 사람에 국한하던 인보관과는 그 차이점이 있다(Loavenbruck & Keys, 1987: 556). 첫째, 종사하는 사업사업가가 전문성을 가진 사람들이라는 점, 둘째, 사회행동과 지역개발은 여전히 지역사회복지관의 프로그램 중 중요한 통합적 구성요소라는 점, 셋째, 이민문제에서 현재는 아시아 지역 등 제3세계 이민들의 문제가 크게 대두되었다는 점, 넷째, 운동측면에서 인보관운동은 사회개혁을 위해서 조직하였던 것에 비하여 최근에는 조직 자체의 유지와 개원개발을 위한 조직 활동을 펴고 있다는 점과 연합도 급격히 쇠퇴하고 있다는 점에서 그 차이점을 찾을 수 있다.

우리나라에 있어서 인보사업 즉 지역사회복지관 운동이 처음 시작된 것은 대한제국시대인 1906년 원산에서 미국의 감리교 선교사인 Knowls에 의해 처음 시작된다. 그 이후 1921년에는 현재 태화기독교사회복지관의 전신인 태화여자관이 Mary Myers 선교사에 의해 서울 인사동에 설립되었다. 1922년에는 개성에 고려여자관, 춘천에는 여자사회관이 설립되었다. 그리고 감리교 여자선교부에서는 마포, 공주, 인천, 대전; 부산 등지에 기독교사회관을 설립하여 여성들의 계몽사업, 직업지도, 아동·청소년들을 위한 집단 활동, 구호사업 등을 전개하였다(김만두, 1992: 7).

또한 이화여대에서 부설 이화사회관을 설립하였으며, 중앙대와 한림대에서 정부위탁운영으로 부설 사회복지관 운영에 참여하였다. 1960년대 접어들면서 외원기관인 캐나다 유니태리안 봉사회가 여섯 개의 사회복지관을 설립하였고,[11] 그 후 사회복지법인 한국사회봉사회로 개편하여 서울에 중계종합사회복지관, 동작종합사회복지관, 북부종합사회복지관을 개관하였다.

1975년 이후 한국선명회와 한국복지재단, 여러 사회복지법인이 전국에 사회복지관을 설치 운영하였으며, 제5공화국 정부부터 국가의 사회복지관 정책의 일환으로 채택하여 1989년 사회복지관설치·운영규정을 제정하여 영구임대아파트단지 등 저소득 밀집지역의 주민복지를 위해 지방정부로 하여금 사회복지관을 건립하여 운영하게 하였다(임춘식, 1998: 135-136).

1980년대 초반부터 분야별 전문복지관(종합사회복지관, 장애인복지관, 아동상담소, 청소년복지(회)관, 부녀복지관, 노인복지(회)관)이 건립되어 운영되고 있다. 1990년대 접어들어 대기업의 복지재단, 사회복지법인, 종교법인, 대학의 학교법인에 이르기까지 사회복지관의 위탁운영에 참여하고 있다. 1980년대 후반부터 우리나라의 지역사회종합복지관 수는 급격히 늘

---

11) 5개의 사회복지관은 목포사회복지관(1964), 인천사회복지관(1965), 경기도이천사회복지관(1967), 서울마포사회복지관(1968), 영등포남부사회복지관(1975), 경기도이문 중앙사회복지관(1978)이다.

어나기 시작하였다. 1984년까지 29개소에 불과하였던 것이 2003년 360개소로 늘어났다.

김범수(2000: 95-96)는 지역사회복지관의 발전과정을 크게 세 가지로 나누어 구분하고 있다. 제1기는 인보관 및 사회관의 시대로 1921년 태화사회관이 처음으로 설립된 해로부터 1963년까지, 제2기는 캐나다유니태리안봉사회에서 목포에 처음으로 사회복지관을 개관한 1962년부터 1982년의 사회복지관시대, 제3기는 사회복지사업법의 개정과 함께 종합사회복지관이 법적으로 규정된 이후, 즉 1983년부터 현재까지 종합사회복지관시대로 구분할 수 있다.

최일섭·류진석(1998: 325-331)은 우리나라 지역사회복지관의 역사를 대체로 3기의 시대로 구분하고 있다. 사회복지관 사업이 처음으로 소개된 시점부터 1945년 해방 직전까지의 태동기, 그 후로부터 1970년대 말까지는 오늘날 사회복지관 운영의 기본 골격을 마련하고 우리 실정에 적합한 모형을 모색하던 시기인 형성기, 1980년대 이후 현재에 이르기까지 사회복지관 사업이 국가에 의해 집중 지원되어 질적, 양적으로 급격히 팽창한 확대기 등이다(황성철·강혜규, 1994: 215-222).

2. 지역사회복지관의 기능과 역할

지역사회복지관의 일차적이고 기본적인 관심은 지역사회의 발전과 개선이며 이를 위한 계속적인 노력에 초점을 두고 있다. 그러나 지역사회복지관의 독특하고 다양한 목표와 기능을 갖고 기관으로 발전하여 왔기 때문에 일률적으로 기능, 목표 그리고 역할을 규정하기는 어렵다.

지역사회복지관의 기능과 역할에 대한 견해를 살펴보면 다음과 같다. Dilick(1959: 330)은 지역사회복지관의 주요기능에 대하여 네 가지를 언급하고 있다. 첫째, 근린지역의 다양한 욕구를 충족시키기 위해 통합된 서비스를 제공한다. 둘째, 서비스의 중복과 누락을 방지하기 위해 서비스간의 조정을 피한다. 셋째, 지역주민들이 문제해결을 위해 공동의 노력을 할 수 있도록 집단을 구성하게 한다. 넷째, 주민집단으로 하여금 사회적 목표를 수정하고 새로운 목표를 만들어 낼 수 있도록 한다. 여기에서 Dilick의 견해에 주목할 수 있는 것은 지역사회복지관이 주민들이 필요로 하는 서비스를 제공하는 소극적인 기능만을 수행하는 것이 아니고, 주민들을 참여시켜 그들이 처해 있는 환경을 변화할 수 있도록 돕는 보다 근본적인 기능을 수행한다는 사실이다(최일섭·류진석, 1998: 320).

사회복지연감에 나타나는 사회복지관의 기능은 다음과 같다(김선심, 1990: 185). 첫째, 지역주민들이 인격적 접촉을 갖도록 하며 이를 위해서 다양한 프로그램을 시행하여 직접·간접으로 서로가 이해하고 신뢰할 수 있는 분위기를 조성하며, 둘째, 직접서비스로 지역주민의 직업, 경제, 가족관계, 보건, 교육 등 사회생활의 기본적 요구에 대해서도 직접적으로 금품 및 설비를 제공하며, 셋째, 지역사회 전체의 입장에서 문제를 파악하려고 하기 때문에 문제해결을 위한 계획과 자원의 동원 및 조정하려는 일련의 지역사회조직화의 기능을 가지며, 넷째, 지역주민들로 하여금 지역사회 문제에 대해 연대성을 갖고, 협동으로 문제를 해결하도록 주민의 사회행동과 공동의식을 향상시키는 기능을 가진다.

보건복지백서(1998: 321)에서는 사회복지관의 역할과 기능에 대해서 다섯 가지로 규정하고 있다. 첫째, 사회복지관 사업개발에 주민의 참여를 활성화하기 위한 동기조성의 기초가 되는 지역사회의 실정과 주민의 욕구 파악 및 평가를 한다. 둘째, 주민의 성장과 자립을 직접·간접으로 돕는 종합복지센터의 역할을 수행한다. 셋째, 지역사회주민들 상호간이나 조직상호간의 지역공동체 의식을 고취하고 주민의 자발적인 참여로 주민상호간의 익명성·배타성을 탈피하여 지역사회 발전을 도모한다. 넷째, 지역사회 민간자원의 발굴 및 활용으로 사회복지에 대한 주민의 자발적인 참여와 연대의

식을 고취한다. 다섯째, 저소득층 주민들의 생활향상과 자기실현을 위하여 새로운 생활정보의 보급, 지식·교양의 증대, 자립의욕의 활성화를 위한 동기조성, 지역사회 소속감의 부여를 위한 사회교육의 모체기능을 수행한다고 규정하고 있다.

〈표 3-3〉 사회복지관의 기능과 역할

사회복지관의 기능	사회복지관의 역할
종합적 사회복지서비스 전달의 기능	① 문제를 지닌 개인이나 가정에 대한 지원서비스를 제공하는 역할 ② 사회화 또는 발달적 욕구충족을 위한 서비스센터로서의 역할 ③ 특수한 문제나 욕구에 부응하여 구체적 서비스나 정보제공 및 의뢰서비스를 제공하는 역할
지역사회문제해결 및 지역사회조직화의 기능	① 지역사회문제해결을 위한 주민참여의 중심체로서의 역할 ② 지역사회개발을 위한 주민 또는 기관간의 공동계획 및 조정의 역할 ③ 특정집단의 이익대변 및 사회행동센터로서의 역할
양기능에 수반되는 공통의 역할	① 지역사회 자원동원의 역할 ② 지역사회욕구조사와 문제파악의 역할 ③ 지역주민의 단합과 연대감조성의 역할

자료: 황성철·강혜규, 1994: 209-210; 최일섭·류진석, 1998: 325.

이상과 같은 지역사회복지관의 기능 및 역할에 대한 논의를 종합해 보면 세 가지로 논의할 수 있다. 사회복지관은 본질적으로 종합적인 사회복지서비스를 제공하는 기능, 지역사회문제해결 및 지역사회조직화의 기능, 그리고 양기능에 수반되는 공통의 역할로 나누어 볼 수 있다(〈표 3-3〉 참조).

지역사회복지관의 역할로는 종합적 사회복지서비스 전달의 기능에서는 문제를 지닌 개인이나 가정에 대한 지원서비스를 제공하는 역할, 사회화 또는 발달적 욕구충족을 위한 서비스센터로서의 역할, 특수한 문제나 욕구에 부응하여 구체적 서비스나 정보제공 및 의뢰서비스를 제공하는 역할이 있다.

지역사회문제해결 및 지역사회조직화의 기능에서는 지역사회문제해결을 위한 주민참여의 중심체로서의 역할, 지역사회개발을 위한 주민 또는 기관간의 공동계획 및 조정의 역할, 특정집단의 이익대변 및 사회행동센터로서의 역할로 논의할 수 있다.

양기능에 수반되는 공통의 역할로는 지역사회자원동원의 역할, 지역사회 욕구조사와 문제파악의 역할, 지역주민의 단합과 연대감조성의 역할 등을 논의할 수 있다.

3. 지역사회복지관의 설치 및 운영기준

1) 시설의 설치·운영

사회복지관은 시설의 규모와 지역의 특성에 따라 종합사회복지관과 사회복지관으로 구분하고, 종합사회복지관은 그 규모에 따라 가형, 나형 그리고 다형으로 구분한다(〈표 3-4〉 참조). 시설의 설치와 운영은 특별시장, 광역시장 또는 도지사(이하 "시·도지사"라 한다) 및 시장·군수·구청장은 관내의 저소득층 밀집지역, 요보호 대상자 및 인구수, 기타 지역의 특성 등을 고려하여 사회복지관 설치·운영에 관한 중·장기 육성계획을 수립하고, 동 계획에 의거 사회복지관이 설치 및 운영되도록 하고 있다.

시, 군, 구에 인구 10만 명 단위로 종합사회복지관 1개소 또는 사회복지관 2개소를 설치할 수 있다. 시·도지사 및 시장·군수·구청장은 저소득층 집단거주지역, 공단주변지역, 역 주변 등 특수문제 발생지역 및 취약지역, 그 밖에 시·도지사 및 시장·군수·구청장이 사회복지관의 설치가 필요하다고 인정하는 지역에 시설을 설치·운영할 수 있다.

〈표 3-4〉 사회복지관의 시설규모에 따른 유형

구 분	규모(연면적)	대상지역	서비스이용 대상의 수
종합사회복지관 가 형	2,000㎡이상 (600평)	시·군·구	인구 10만 명 단위에 1개소
종합사회복지관 나 형	1,000㎡이상 2,000㎡미만 (300-600평)	시·군·구	인구 10만 명 단위에 1개소
사회복지관 (다 형)	500㎡이상 1,000㎡미만 (300평 미만)	시·군·구	인구 10만 명 단위에 2개소

자료: 보건복지부, 사회복지관 운영지침, 2003.

2) 설치·운영주체

사회복지관의 설치·운영주체는 다음과 같다. 첫째, 사회복지관은 지방자치단체, 사회복지법인, 비영리법인이 설치·운영할 수 있다. 둘째, 지방자치단체는 사회복지관을 설치한 후, 사업의 전문성을 향상시키기 위해 운영능력이 있는 사회복지법인 등에 위탁운영할 수 있다. 셋째, 지방자치단체는 공공단체의 시설물을 위탁받아 사회복지관을 설치·운영하거나 사회복지법인 등에 위탁·운영할 수 있다(〈표 3-5〉참조).

사회복지관 시설·설치 시 유의사항은 다음과 같다(사회복지관 설치·운영규정 제13조). 첫째, 사회복지관을 설치하고자 하는 자는 다음 사항을 준수하여 건축의 설계 및 시공을 하여야 한다. ① 지역실정에 부합되는 종합서비스 기능을 고려하여 요보호대상자(아동·노인·장애자·부녀 등)별로 서비스 공간을 안배하여야 한다. ② 건립 후 주민의 욕구 변화에 따른 사업내용의 변경에 의해 시설이용계획의 변경이 있을 것을 감안하여야 한다. ③ 심신장애자의 이용에 지장이 없도록 출입문·화장실 등에 장애자 편의시설을 설치하여야 한다. ④ 건축물의 시공에 있어서 양질의 자재를 사용하여 견고한 건물이 되도록 하고, 에너지 절약 및 화재예방 시설 등을 갖추도록

한다. 둘째, 시장·군수·구청장은 사회복지관의 건축허가 시에는 제1항에
서 정한 사항을 준수토록 지도하여야 한다.

〈표 3-5〉 사회복지관의 주관기관에 따른 유형

구 분	재원의 부담	건물소유	기간 및 조건
재단설립형	대지구입 및 건축비 재단부담	재 단	영구적 사용
기부체납형	재단 소유 대지에 건축비 정부지원	정 부	사용계약에 따라 5-20년간 사용
위 탁 형	대지구입 및 건축비 정부지원 또는 정부의 공공건물 위탁	정 부	위탁계약에 따라 5-20년간 사용
임 대 형	민간단체 또는 민간인 건물임대	민 간	임대계약에 따라 5-10년간 사용

자료: 보건복지부, 사회복지관 운영지침, 2003.

3) 사회복지관 운영의 기본원칙

사회복지관 사업은 인도주의와 수혜자 존엄유지를 전제로 하여 다음 각호
의 기본원칙에 따라서 수행되어야 한다(사회복지관 설치·운영규정 제4조).
첫째, 지역성의 원칙이다. 사회복지관은 지역사회의 특성과 지역주민의 문
제나 욕구를 신속하게 파악·반영하여 지역사회의 문제를 해결하고, 이에
따른 서비스를 제공하여야 하며, 주민이 적극적으로 참여토록 유도함으로써
주민의 역할과 책임을 조장하여야 한다. 둘째, 전문성의 원칙이다. 사회복
지관은 다양한 지역사회문제에 대처하기 위해 일반적 프로그램과 특정한 문
제를 해결할 수 있는 전문적 프로그램이 병행될 수 있도록 지식과 기술을
보유한 전문인력에 의거 사업을 수행하고 이들 인력에 대한 지속적인 재교
육 등을 통해 전문성을 증진토록 하여야 한다. 셋째, 책임성의 원칙이다.
사회복지관은 지역사회 이용자 등에게 사업수행에 따른 효과성과 효율성을
입증하고 책임을 다하려는 다각적 노력을 기울여야 한다. 넷째, 자율성의

원칙이다. 사회복지관은 다양한 복지서비스를 효율적으로 제공하기 위하여 복지관 능력과 전문성이 최대한 발휘될 수 있는 자율적인 운영이 될 수 있도록 하여야 한다. 다섯째, 통합성의 원칙이다. 사회복지관은 사업을 수행함에 있어 지역 내 공공 및 민간복지기관 서비스 간에 연계성과 통합성을 강화시켜 지역 사회복지체계를 효율적이고 효과적으로 운영되도록 하여야 한다. 여섯째, 자원 활용의 원칙이다. 사회복지관은 주민욕구의 다양성에 따라 다양한 기능 인력 과 재원을 필요로 하므로 지역사회 내의 복지자원을 최대한 동원·활용하여야 한다. 일곱째, 중립성의 원칙이다. 사회복지관은 정치활동, 영리활동, 특정 종교 활동 등으로 이용되지 않도록 중립성이 유지되도록 하여야 한다.

제3절
지역사회복지관의 현황 분석

1. 지역사회복지관의 설립 현황

1) 시도별 사회복지관 현황

　시도별 사회복지관의 현황을 보면 다음과 같다(〈표 3-6〉 참조). 사회복지관은 전국에 360개소(2003년 6월 30일)가 있다. 그중 서울특별시내에 92개소의 복지관이 소재하고 있다. 부산은 47개소, 경기는 40개소, 대구는 25개소이며, 광주는 19개소 복지관이 운영되고 있다. 특히 울산광역시 내에 4개소의 복지관이 소재하는 것으로 나타나 타 시도보다는 차이를 보였다. 그리고 재가복지봉사센터는 전국적으로 335개소가 운영되고 있으며, 사회복지상담소는 4개소가 운영되고 있다.

유형별 사회복지관의 형태를 보면, 600평 이상(가형)복지관은 116개소이며, 300-600평 미만(나형)복지관은 188개소이고, 300평 미만(다형)복지관은 56개소가 운영되고 있다. 유형별 사회복지관은 나형 복지관이 가형복지관과 다형복지관보다 상대적으로 많이 설치·운영되고 있다. 그러나 부산광역시의 경우 가형복지관이 23개소, 나형복지관이 11개소, 다형복지관은 1개소로 600평 이상의 가형복지관이 상대적으로 많이 설치·운영되어타 시도와 비교되었다.

운영주체별 사회복지관의 형태를 보면, 사회복지법인이 260개소, 비영리법인이 64개소, 자치단체가 19개소, 학교법인이 17개소가 설치·운영되고있다. 운영주체별로 살펴본 사회복지관은 사회복지법인으로 운영되는 복지관이 비영리법인이나 학교법인, 자치단체 운영보다 상대적으로 많이 설치·운영되고 있다.

소재지별 사회복지관의 형태를 보면, 서울특별시 및 광역시에 설치되어 있는 사회복지관은 214개소이며, 시에 설치·운영되는 사회복지관은 130개소이고, 군에 설치·운영된 사회복지관은 16개소로 서울특별시 및 광역시에설치·운영하고 있는 복지관이 상대적으로 많았다.

〈표 3-6〉 시도별 사회복지관 현황

(단위: 개소, 2003년 6월 30일)

구분 / 시도별	총계(개소)	사회복지관 유형별			복지관 운영주체별				소재지별			재가복지봉사센터	사회복지상담소
		600평 이상(가형)	300~600평 미만(나형)	300평 미만(다형)	사회복지법인	비영리법인	학교법인	자치단체	시	군	구		
계	360	116	188	56	260	64	17	19	130	16	214	335	4
서울	92	35	51	6	65	16	11				92	91	2
부산	47	23	17	7	37	8		2		1	46	44	1
대구	25	13	11	1	23	2				1	24	25	1
인천	13	3	10		8	5					13	11	
광주	19	4	14	1	16	3					19	17	
대전	17	2	12	3	14	2	1				17	15	
울산	5	2	3		1	2		2		2	3	3	
경기	40	12	17	11	30	6	4		40			39	
강원	12	3	9		11			1	10	2		11	
충북	10	1	7	2	7	3			8	2		8	

구분 / 시도별	총계(개소)	유형별 600평 이상 (가 형)	유형별 300~600평 미만 (나 형)	유형별 300평 미만 (다 형)	운영주체별 사회복지법인	운영주체별 비영리법인	운영주체별 학교법인	운영주체별 자치단체	소재지별 시	소재지별 군	소재지별 구	재가복지봉사센터	사회복지상담소
충남	13	3	4	6	7	3		3	12	1		11	
전북	14		8	6	13	1			14			14	
전남	15	3	9	3	7	6		2	12	3		14	
경북	15	3	8	4	9	4		2	14	1		15	
경남	20	9	5	6	9	3	1	7	17	3		14	
제주	3	3	3		3	3			3			3	

자료: 보건복지부. 내부자료, 2003.

2) 사회복지관 미설치지역 현황

2002년 12월 31일 사회복지관 미설치 지역현황을 보면 다음과 같다(〈표 3-7〉 참조). 전국에 90개소의 복지관이 미설치지역이며, 경기도 16개소, 전남 16개소가 미설치되어 타 지역에 비하여 상대적으로 많다. 다음으로는, 경북 12개소, 강원 10개소 순으로 복지관이 미설치 되어 있는 것으로 파악되었다.

〈표 3-7〉 사회복지관 미설치지역 현황(2002.12.31)

(단위: 개소)

구분 지역	전국 시·군·구				사회복지관 미설치지역(개소)			
	계	시	군	구	계	시	군	구
계	232	74	89	69	90(7)	13	75(6)	2(1)
서 울	25			25				
부 산	16		1	15				
대 구	8		1	7				
인 천	10		2	8	3(1)		2	1(1)
광 주	5			5				
대 전	5			5				
울 산	5		1	4	1			1
경 기	31	25	6		16	10	6	
강 원	18	7	11		10(4)	1	9(4)	
충 북	11	3	8		7		7	
충 남	15	6	9		8		8	
전 북	14	6	8		8(1)		8(1)	
전 남	22	5	17		16	1	15	
경 북	23	10	13		12		12	
경 남	20	10	10		7	1	6	
제 주	4	2	2		2(1)		2(1)	

자료: 보건복지부, 내부자료, 2003.

3) 광주광역시 사회복지관 현황

광주광역시 소재 복지관은 19개소가 있으며, 19개 복지관 중 복지관을 유형별로 보면 가형복지관은 4개소, 나형복지관은 14개소, 다형복지관은 1개소로 나형복지관 수가 상대적으로 많다. 복지관을 소재지별로 나누어 보면, 동구 1개소, 서구 5개소, 남구 3개소, 북구 7개소, 광산구 3개소의 분포하고 있으며 북구가 7개소로 타 구에 비하여 상대적으로 사회복지관이 많았다. 소유주체별로 보면, 법인 8개소, 주공 7개소, 지방정부 4개소이다. 재가복지센타는 19개 복지관 중 2개소(양지, 첨단)에 설치되어 있지 않다 (〈표 3-8〉 참조).

〈표 3-8〉 광주광역시 사회복지관 현황

번 호	복 지 관 명	소 재 지	유형	건물 규모(평)	개관 일자	소유 주체	재가 센터	운영주체
1	빛고을종합사회복지관	동구 용산동 산3	나	547	92.11.	법인	○	은성복지회
2	무진종합사회복지관	서구 광천동 655-9	나	497	91.4.	법인	○	월드비전
3	호남종합사회복지관	서구 상무2동 887-5	나	382	85.10.	법인	○	호남사회봉사회
4	쌍촌종합사회복지관	서구 상무2동 1229	나	518	91.7.	주공	○	인애동산
5	쌍촌시영사회복지관	서구 상무2동 1228	다	274	92.9.	지방정부	○	(재)대한예수교 장로회전남노회 유지재단
6	금호종합사회복지관	서구 금호동 743-3	가	883	94.5.	지방정부	○	삼동회
7	양지종합사회복지관	남구 양림동 293-4	가	696	01.12.	법인	×	양림
8	인애종합사회복지관	남구 봉선2동 145-1	나	499	92.2.	법인	○	인애동산
9	동신종합사회복지관	남구 월산동 389	가	750	99.12.	법인	○	동원
10	시민종합사회복지관	북구 양산동 657-2	나	423	89.7.	법인	○	상록원
11	우산종합사회복지관	북구 우산동 633-1	나	518	92.7.	주공	○	대한불교조계종 사회복지재단
12	각화종합사회복지관	북구 각화동 202	나	518	92.2	주공	○	인애동산
13	두암종합사회복지관	북구 두암3동 968-1	나	518	93.3	주공	○	(재)제칠일안식 일예수재림
14	무등종합사회복지관	북구 두암3동 969-6	나	518	94.5	주공	○	기독복지선교회

번호	복지관명	소재지	유형	건물 규모(평)	개관 일자	소유 주체	재가 센터	운영주체
15	광주종합사회복지관	북구 오치동 912-1	나	500	85.10	법인	○	한국복지재단
16	오치종합사회복지관	북구 오치2동 1003	나	518	92.11	주공	○	기독복지회
17	첨단종합사회복지관	광산구 쌍암동 656-2	가	1086	01.4	지방 정부	×	미라원
18	하남종합사회복지관	광산구 우산동 1571-1	나	558	91.1	주공	○	삼동회
19	송광종합사회복지관	광산구 우산동 1603-1	나	565	93.3	지방 정부	○	(재)불교중앙교원

자료: 보건복지부, 내부자료, 2003.

2. 지역사회복지관의 인력 및 조직 현황

1) 인력 현황

(1) 사회복지인력 채용 현황

1998년 보건복지부의 사회복지관 운영지침에서 최저인력 배치 기준이 삭제된 이후 전국 사회복지관의 인력채용현황은 1998년 보건복지부 사회복지관 규모에 따른 유형별 최저배치기준과 재가복지봉사센터 인력 3명을 합한 최저배치기준의 88.5%의 직원을 채용하고 있다.

직종별로 보면 사회복지사는 기준보다 평균 140%를 채용하고 있고, 부장은 71%, 선임사회복지사는 55.2%를 채용하고 있어 중간관리자의 채용비율이 현저히 낮음을 알 수 있다. 또한 노무기사 및 관리기사의 채용비율도 65.3%로 낮았다(〈표 3-9〉참조)

〈표 3-9〉 최저기준대비 전체 직원채용 현황

구 분	가형(84개소)		나형(181개소)		다형(53개소)	
	기준(명)	현황(%)	기준(명)	현황(%)	기준(명)	현황(%)
총계(제가포함)	20	17.94(89.7)	17	14.94(87.9)	12	10.53(87.75)
관 장	1	0.96(96.0)	1	0.99(99.0)	1	1.00(100.0)
부 장	1	0.82(82.0)	1	0.60(60.0)	-	0.26
선임사회복지사	3	1.73(57.7)	3	1.51(50.3)	2	1.15(57.5)
사회복지사	4	5.61(140.3)	3	4.72(157.3)	3	3.67(122.3)
의 료 인 력	1	1.39(139.0)	1	1.00(100.0)	1	0.50(50.0)
기 능 교 사	5	1.04(20.8)	4	1.44(36.0)	2	0.75(37.5)
서무・경리	1	1.42(142.0)	1	1.22(122.0)	1	0.98(98.0)
조리사・영양사	1	1.09(109.0)	1	0.98(98.0)	-	0.77
노 무 기 사	2	1.22(61.0)	1	0.86(86.0)	1	0.50(50.0)
기 사	1	0.88(88.0)	1	0.51(51.0)	1	0.56(56.0)
기 타	0	1.7	0	1.11	0	0.39

자료: 한국사회복지관협회, 1999.

(2) 자원봉사자 현황

1999년 복지관 1개소 당 등록 자원봉사 인원은 364.1명, 활동인원은 1,060.8명, 교육인원은 158.5명이다. 그러나 교육인원은 등록인원의 43.5% 밖에 이루어지지 않는 것으로 나타나 1／2이상의 자원봉사자들이 초기 오리엔 테이션도 제대로 받지 않고 활동하고 있다고 볼 수 있다(〈표 3-10〉 참조).

〈표 3-10〉 자원봉사 현황

구 분	등 록	활 동	교 육
인 원	115,787	337,346	50,409
1개소 당 연 평균	364.1	1,060.8	158.5

자료: 한국사회복지관협회, 1999.

(3) 광주광역시 사회복지사 및 자원봉사자 현황

광주광역시 사회복지관 인원현황을 살펴보면, 광주종합사회복지관이 15명으로 광주에서 가장 종사원이 많은 복지관이었다. 그러나 사회복지사는 6명으로 전문복지사는 타 복지관에 비하여 작은 수를 보이고 있다. 금호종합사회복지관의 종사자 수는 14명이고 사회복지사수는 12명이며, 송광종합사회복지관의 종사자 수는 13명이며 13명 모두 사회복지사로 구성되어 있었다. 각화종합사회복지관의 종사자 수는 9명이며 종사자전원이 사회복지사로 구성되어 있다. 반면에 종사자 수에 비하여 상대적으로 사회복지사수가 적은 복지관은 오치종합사회복지관, 우산종합사회복지관, 호남종합사회복지관 등이었다. 이 복지관들은 전문성을 강화하기 위하여 사회복지사의 충원이 필요하다(〈표 3-11〉 참조).

자원봉사자의 경우 동신종합사회복지관이 2,461명으로 타 복지관보다 상대적으로 가장 많은 자원봉사자를 가지고 있었으며, 반면에 종합복지관의 규모나 프로그램의 정도 등의 차이는 있을 수 있으나 첨단종합사회복지관과 호남종합사회복지관이 상대적으로 자원봉사자 수가 적은 것으로 나타났다.

〈표 3-11〉 광주광역시 사회복지사 및 자원봉사자 현황

(2002년 12월)

번호	복 지 관 명	종사자 수	사회복지사수	자원봉사자 수
1	빛고을종합사회복지관	9	6	156
2	무진종합사회복지관	11	7	335
3	호남종합사회복지관	11	6	81
4	쌍촌종합사회복지관	10	9	430
5	쌍촌시영사회복지관	7	5	422
6	금호종합사회복지관	14	12	114
7	양지종합사회복지관	9	5	1,312
8	인애종합사회복지관	6	5	324
9	동신종합사회복지관	12	9	2,461
10	시민종합사회복지관	9	6	176
11	우산종합사회복지관	11	4	125
12	각화종합사회복지관	9	9	210

번호	복 지 관 명	종사자 수	사회복지사수	자원봉사자 수
13	두암종합사회복지관	10	6	292
14	무등종합사회복지관	10	6	340
15	광주종합사회복지관	15	6	287
16	오치종합사회복지관	12	4	88
17	첨단종합사회복지관	10	7	31
18	하남종합사회복지관	9	4	238
19	송광종합사회복지관	13	13	361

자료: 광주광역시, 내부자료, 2002.12.

(4) 사회복지관 중간관리자이상 전공 현황

사회복지관의 전문적 운영을 저해하는 요인 중 상위관리직의 전문성 결여를 들 수 있다. 사회복지관의 경우 상위관리직으로 갈수록 사회복지 관련한 전공자 비율이 낮아 지역사회의 요구와 특성에 맞는 전문적인 사업을 주도적으로 진행할 수 없고, 직원들에게 전문적인 슈퍼비전 제공이 어려운 실정이다.

사회복지관 중간관리자이상의 전공을 보면, 관장의 경우 사회복지학 전공자는 46.4%에 불과하며, 부장의 경우 52.6%, 과장의 경우 77.4%로 나타나 상위관리직의 전문성 제고가 필요하다(〈표 3-12〉 참조).

〈표 3-12〉 사회복지관 중간관리자 이상의 전공 현황

전 공		사회복지학	종교학	관련학문	기타	계
관장	인원(명)	91	39	18	48	196
	비율(%)	46.4	19.9	9.2	24.5	100.0
부장	인원(명)	50	7	12	26	95
	비율(%)	52.6	7.4	12.6	27.4	100.0
과장	인원(명)	185	6	13	35	239
	비율(%)	77.4	2.5	5.4	14.7	100.0

자료: 한국사회복지관협회, 내부자료, 2001.

'사회복지관 직원의 자격기준'에 의하면 사회복지사 자격증 소지자로서 사회복지관에서 5년 이상 근무한 경력이 있는 자는 과장이 될 수 있다. 그리고 사회복지관 또는 사회복지관련단체에서 과장급 이상의 직에 3년 이상 근무한 경력이 있는 자는 부장이 될 수 있도록 되어 있어 입사 후 8년이 지나면 부장이 될 수 있도록 되어 있다. 그러나 관(원)장은 대부분 법인 이사장의 친인척, 종교기관 소속법인의 경우는 종교인들로 외부에서 임명되기 때문에 일반직이 승진할 수 있는 최고 직위는 부장이다.

따라서 일반직은 더 이상 승진할 기회가 없기 때문에 부장 경력이 몇 년 되면서부터 이직을 준비하게 되고, 후배들의 승진적체 해소를 위해서도 이직을 준비할 수밖에 없는 실정이다. 이러한 현실은 중간관리자의 최고 직위가 과장인 사회복지관 다형의 경우는 더욱 심각하다. 한편 사회복지관 관리자의 입장에서도 인건비가 별도로 지원되지 않기 때문에 장기근속 중간관리자를 꺼리는 경향이 있다(채구묵, 2003: 88).

(5) 업무 현황

전국사회복지관들은 평균 36.5개의 단위 프로그램을 실시하고 있고, 직접 프로그램을 기획, 관리, 진행하는 사회복지사 1인당 프로그램 수는 6개이다. 규모별로 보면 그 규모가 작을수록 1인당 담당프로그램 수가 많아지는 것을 알 수 있다(〈표 3-13〉 참조).

〈표 3-13〉 사회복지사 1인당 평균담당프로그램 수

구 분	전체평균	가형	나형	다형
평균프로그램 수	36.5개	42.0개	36.1개	31.8개
평균사회복지사수	6.13명	7.34명	6.23명	4.82명
1인당 평균담당프로그램 수	6.0개	5.7개	5.8개	6.6개

자료: 한국사회복지관협회, 1997.

2) 조직 현황

사회복지관의 조직구조는 각 사회복지관의 유형에 따라 차이가 있고 직원
배치 기준도 상이하며 조직의 명칭도 다양하다.

〈표 3-14〉은 보건복지부의 사회복지관 설치·운영규정에 의한 규모별 조
직이며 이러한 구성은 필요한 경우 법인의 이사회의 결정에 따라 조정이 가
능하다. 관장을 보조하고 전반적인 업무를 조정·관리하기 위하여 종합복지
관 "가형"과 "나형"의 경우 각각 부장 1명씩을 둔다. 사회복지관의 조직은
주민의 이용에 편리하도록 편성·운영되어야 하며, 필요한 경우 이사회의
의결을 거쳐 정원의 범위 안에서 조정할 수 있다.

〈표 3-14〉 사회복지관의 조직

구 분	조	직
종합사회복지관 가 형	복지1과	가정복지담당, 아동복지담당, 청소년복지담당
	복지2과	지역복지담당, 노인복지담당, 장애인복지담당, 서무담당
종합사회복지관 나 형	복지1과	가정복지담당, 아동복지담당(청소년복지담당)
	복지2과	지역복지담당, 노인복지담당, 장애인복지담당, 서무담당
사회복지관	총무과	가정복지담당, 아동복지담당(청소년복지담당), 지역복지담당, 노인복지담당(장애인복지담당), 서무담당

자료: 보건복지부. 사회복지관 운영지침. 2003.

사회복지관은 채용된 직원에게 계속적인 교육·훈련의 기회를 제공해 그
들이 지역사회의 발전과 지역주민들의 문제해결을 지원해 갈 수 있는 철학
과 전문성을 향상시키게 해야 한다. 사회복지관의 조직에 따른 업무분장은
〈표 3-15〉와 같으며 사회복지관의 사업특성상 필요하다고 인정될 경우에는
이사회의 의결을 거쳐 정원의 범위 안에서 업무분장을 조정할 수 있다.

〈표 3-15〉 사회복지관의 조직에 따른 업무분장

담 당	업 무 분 장
가정복지담당	① 종합상담 ② 직업·부업·기능훈련에 관한 사항 ③ 취업·부업 안내에 관한 사항 ④ 부녀복지에 관한 사항 ⑤ 무료진료실 운영에 관한 사항 ⑥ 그 밖에 복지부소관에 관한 사항으로 타과에 속하지 않는 사항
아동복지담당	① 아동복지상담소 ② 유아원 및 탁아사업에 관한 사항 ③ 아동기능교실운영에 관한 사항 ⑤ 아동독서실 운영에 관한 사항 ⑥ 기타 아동복지에 관한 사항
청소년복지담당	① 청소년 상담지도에 관한 사항 ② 독서실운영에 관한 사항 ③ 청소년 그룹지도에 관한 사항 ④ 청소년 비행예방에 관한 사항 ⑤ 근로청소년 야간학교에 관한 사항 ⑥ 기타 청소년복지에 관한 사항
노인복지담당	① 노인 사회교육 및 여가지도에 관한 사항 ② 불우노인결연사업에 관한 사항 ③ 기타 노인복지에 관한 사항 ④ 노인식사 및 목욕 서비스에 관한 사항
장애인복지담당	① 장애인상담에 관한 사항 ② 자립작업장 설치운영에 관한 사항 ③ 장애인 서비스 알선 및 이송에 관한 사항 ④ 장애인 가정봉사원 파견에 관한 사항 ⑤ 기타 장애인 복지에 관한 사항
지역복지담당	① 자원봉사자 육성에 관한 사항 ② 지역사회 자원발굴에 관한 사항 ③ 지역사회조사에 관한 사항 ④ 지역지도자 육성에 관한 사항 ⑤ 주민여가선용지도에 관한 사항 ⑥ 편의시설 제공에 관한 사항 ⑦ 기타 지역복지에 관한 사항
직업지도담당	① 직업 훈련실 운영에 관한 사항 ② 직업알선에 관한 사항 ③ 부업알선에 관한 사항 ④ 기타 직업 및 부업알선 및 교육 등에 관한 사항
서무담당	① 서무경리에 관한 사항 ② 조직 및 인사에 관한 사항 ③ 예산 및 결산에 관한 사항 ④ 재산취득관리에 관한 사항 ⑤ 회계처리에 관한 사항 ⑥ 그 밖에 타부·과에 속하지 않는 사항

자료: 보건복지부. 사회복지관 운영지침. 2003.

3) 조직과 인력에 관한 문제점

위에서 살펴본 사회복지관의 인력과 조직 현황을 중심으로 사회복지관의 문제점을 논의하면 다음과 같다. 첫째, 지역사회복지관 조직과 인력의 문제점은 다음과 같다. 먼저, 사회복지사 1인당 담당할 수 있는 적정 대상자 수에 대한 객관적인 기준이 없다. 그리고 기존의 최저배치 기준에도 88.5%의 수준밖에 안 되는 직원을 채용하고 있어 업무가 과다하고 양질의 서비스를 제공할 수 없다. 다음으로, 기사, 노무기사 등 관리 인력의 채용률이 낮아 사회복지사들의 고유의 업무보다는 운전, 시설보수 등 관리 업무에 시간을 낭비하고 있으며, 전문직에 대한 정체성에 혼란을 초래하고 있다. 마지막으로, 부장, 과장 등 중간관리자의 채용률이 61.5%로 이는 경력 직원의 비율이 낮음을 의미하고 이로 인해 서비스의 전문성 향상을 저해하고 있으며, 사회복지사 및 직원들에 대한 관리 인력이 부족하다.

둘째, 전문성에 관한 문제점을 논의하면 다음과 같다. 상위관리직으로 갈수록 사회복지 관련학과 전공비율이 낮아 지역사회의 욕구와 특성에 맞는 전문적인 사업을 주도적으로 진행할 수 없고, 직원들에게 전문적 슈퍼비전 제공이 불가능하다.

그리고 한국사회복지관협회 내부자료에 의하면 사회복지사들의 전문프로그램에 대한 투여시간은 총 업무시간의 65.6%수준이다(한국사회복지관협회, 2001: 58). 이는 사회복지사들이 비전문적인 업무에 거의 1/3을 소요하고 있다는 의미로 잡무부담이 많다는 사실을 잘 나타내 주고 있다.

직원의 교육측면에서도 2000년 한국보건사회연구원에서 실시한 사회복지관 평가에서도 직원교육 및 훈련실적 면에서 '직원연간교육 및 훈련참여실적'지표가 전체영역의 평균에 다소 미치지 못하는 것으로 나타났다(한국보건사회연구원, 2000).

셋째, 자원봉사자의 문제점은 다음과 같다. 지역사회복지관에서 이루어지고 있는 자원봉사활동에는 주부, 학생 등 비전문적인 소수계층을 중심으로 시간적·경제적으로 비교적 여유가 있는 주민이 주로 참여하고 있으며, 활동내용 또한 전문적인 기술과 지식 없이 시혜적 차원의 단순 노력봉사에 의존하고 있는 실정이다.

자원봉사자를 활용하고 있는 사회복지관에서는 자원봉사자의 봉사활동에 대한 참여동기, 업무내용, 사후평가 등에 대한 체계적인 관리없이 부족한 인력의 보충이라는 소극적 측면만을 고려하여 자원봉사자를 활용하고 있는 경향이 있다.

일반 주민 또한 자원봉사의 필요성에는 높은 인식을 갖고 있으나 동기에 대한 외부로부터의 자극이 없고 참여방법을 알지 못하여 실천하지 못하고 있는 실정이다. 자원봉사 지원기관 역시 제도적 지원책을 마련하지 못하고 형식적인 지원에 그쳐 자원봉사 활성화에 크게 기여하지 못하고 있는 것이 현실이다.

김병식(2001: 58-61)은 자원봉사자원의 특성과 활용상의 문제점을 지적하면서, 프로그램의 참여경로의 단순화, 참여자 유형의 획일성, 자원봉사자의 개인적 적응성과 만족감의 저조, 장·단기 봉사자의 갈등, 시기별 인원수급문제, 전문자원봉사자원의 확보 및 활용문제, 자원봉사자에 대한 사전교육의 빈약성과 형식성, 자원봉사를 위한 동기부여제도의 미약 등을 지적하고 있다.

3. 지역사회복지관의 재정 현황

사회복지관은 다양한 재원에 접근할 수 있다. 첫째, 중앙정부부나 지방정부로 받는 보조금이 있고, 둘째, 조직 자체의 자산을 통한 수입, 즉 법인보조금(전입금)이 있으며, 셋째, 개인이나 단체 등으로부터 받는 후원금, 그리고 넷째, 실비이용료 또는 수익사업을 통한 수익금 등이 있다.

이러한 재원들은 출처에 따라 공공자원과 민간자원으로 구분된다. 공공재원은 규모나 가용성의 크기에서 민간재원에 비해 우월하며, 안정성이 뛰어나서 민간사회복지조직들이 선호한다. 반면 민간재원은 규모나 안정성에 있어서 공공재원에 비하여 열세에 있다. 최근 우리나라에서 민간자원의 활용을 확대하는 시도를 하고 있으나, 여전히 사회복지조직들의 주요 재원으로 의존할 수 있을 만큼의 절대자원의 양이 크지 않으며 안정성의 측면도 취약하다는 단점이 있다. 한편 민간자원은 용도의 탄력성과 관리에 따르는 까다로운 절차나 규제가 적다는 장점이 있다.

민간재원 중 실비이용료는 사회복지관이 사업을 통해 직접 확보하는 것으로 서비스의 수급자인 클라이언트가 조직에 자원을 제공하는 고객이 된다. 따라서 사회복지관으로서는 서비스 노력과 전달과정을 고객으로서의 클라이언트의 욕구에 집중할 수 있다. 그러나 실비이용료 수입은 결국 서비스에 대한 지불능력이 있는 클라이언트만을 서비스 소비에 참여시킴으로서 사회복지서비스 공급에 시장기재를 포함하게 하는 문제를 낳는다.

사회복지관의 지출은 여타의 다른 휴먼서비스 조직들과 마찬가지로 대개 인건비, 운영비, 사업비, 시설장비비로 구성된다.

1) 사회복지관의 수입 현황

(1) 수입 현황

사회복지관은 정부보조금 80%(국고20%, 지방비 60%), 자부담 20%의 비율로 운영비를 부담하도록 되어 있고, 중앙정부 및 지방정부 지원액은 사회복지관 형태별로 차등지원되는데, 2003년의 경우 가형복지관은 연 185,433,600원, 나형복지관은 120,182,400원, 다형복지관은 85,852,800원을 지원받았다(보건복지부, 2003).

사회복지관은 운영비 지원기준이 되는 연간소요경비 산출이 낮게 책정되어 있어 재정의 취약성이 심각한 실정이다. 한국사회복지관협회(2001)의 조사에 의하면 사회복지관 연 평균수입은 2억 6,095만 6천원인데 이 중 42.1%가 정부보조금(국고보조＋지방비보조＋특별지방비보조)이고, 35.7%가 실비이용료수입이며, 18.8%가 법인부담금 및 후원금이다. 따라서 사회복지관 연간예산 중 정부보조금 비율은 명목상으로는 80%라고 하나 실질적으로는 40%정도밖에 되지 않아 정부지원비로는 인건비만 간신히 충당하고 있는 실정이다(〈표 3-16〉 참조).

〈표 3-16〉 사회복지관 수입 현황

(단위: 천원)

구 분	총 액	국고 보조	지방비보조	특별지방비보조	법인 부담금	실비 이용료	후원금	기타 수입
전체평균	260,958	17,328	75,647	16,959	33,311	93,047	15,610	9,059
비 율	100.0	6.6	29.0	6.5	12.8	35.7	6.0	3.4

자료: 한국사회복지관협회, 2001.

(2) 정부보조금 대비 법인부담금

사회복지관의 정부보조금 대비 법인부담금을 규모별로 보면, '가형'의 경우 정부보조금이 40.4%, 법인부담금이 12.96%를 차지하고 있고, '나형'의 경우도 정부보조금 44.7%, 법인부담금 9.0%를 차지하고 있고, '다형'의 경우 정부보조금 60.4%, 법인부담금 5.6%의 비율을 보이고 있다(〈표 3-17〉 참조).

사회복지관의 정부보조금과 법인부담금은 총 세입에 약 50%정도를 차지하고 있는 것으로 나타나, 사회복지관의 재정상태가 매우 열악함을 알 수 있다.

〈표 3-17〉 정부보조금 대비 법인부담금

(단위: 천원)

기관규모		총세입	정부보조금	법인부담금
가 형	비율(%)	100.0	40.39	12.86
	평균(S.D)	786,875(48,520)	317,878(102,274)	101,197(164,198)
나 형	비율(%)	100.0	44.67	9.02
	평균(S.D)	644,879(219,733)	288,123(87,581)	58,198(48,536)
다 형	비율(%)	100.0	60.40	5.57
	평균(S.D)	444,037(52,950)	268,203(24,632)	24,773(16,608)
계	비율(%)	100.0	43.62	10.51
	평균(S.D)	683,118(281,551)	298,036(91,591)	71,841(107,7771)

자료: 한동우, 2003: 179. 서울특별시 소재 사회복지관을 대상으로 함.

(3) 세출 현황

사회복지관의 세출은 인건비, 사업비, 운영비, 시설장비비 그리고 기타의 항목으로 구성된다. 가장 비중이 큰 지출항목은 사업비로 40.5%였으며, 다음으로는 인건비 39.1%, 운영비 9.6%, 시설장비비 5.6%, 기타 4.8%의 순으로 나타났다. 사회복지관의 규모에 따른 세출의 항목별 비중의 순서는 큰 차이가 없었다. 다만 '다형'의 경우에 사업비보다 인건비의 지출이 많은 것이 특징적이다(〈표 3-18〉 참조).

〈표 3-18〉 사회복지관의 세출 현황

(단위: 천원)

구 분		총세출	인건비	운영비	사업비	시설장비비	기타
가 형	비 율	100.0	37.95	11.98	38.77	6.44	4.19
	평 균 (S.D)	753,417 (322,114)	285,969 (169,241)	90,280 (111,214)	292,120 (117,160)	48,526 (68,023)	31,604 (62,079)
나 형	비 율	100.0	39.71	7.44	42.36	5.10	5.19
	평 균 (S.D)	587,805 (186,716)	233,430 (68,998)	43,744 (23,943)	249,051 (95,720)	29,997 (38,592)	30,513 (79,804)
다 형	비 율	100.0	42.76	12.65	33.21	4.11	7.24
	평 균 (S.D)	385,906 (37,662)	165,039 (23,146)	48,851 (37,811)	128,190 (56,190)	15,880 (7,673)	27,944 (25,467)
계	비 율	100.0	39.12	9.64	40.49	5.65	4.84
	평 균 (S.D)	634,589 (259,481)	248,287 (118,847)	61,225 (73,147)	256,967 (108,820)	35,895 (51,080)	30,738 (70,641)

자료: 한동우, 2003: 179. 서울특별시 소재 사회복지관을 대상으로 함.

2) 광주광역시 사회복지관의 재정 현황

광주광역시 사회복지관 재정 현황을 보면 다음과 같다. 광주광역시 사회복지관의 재정구성은 국비, 지방비, 자부담으로 나눌 수 있으며, 19개 복지관의 총 국비, 지방비, 자부담의 총계는 5,207,293(천원)으로 국비는 597,646(천원), 지방비는 1,792,938(천원), 자부담은 2,816,714(천원)

으로 구성되어 있다. 그 구성비를 보면 국비 11.5%, 지방비 34.4%, 자부담 54.1%로 복지관의 자부담비용이 50%를 넘는 것으로 나타났다. 복지관별로 차이는 있으나 자부담비용이 50%를 상회한다는 것은 복지관이 재정적 어려움이 있다는 것을 알 수 있다(〈표 3-19〉 참조). 즉 광주광역시 사회복지관은 국비와 지방비가 사회복지관의 유형에 따라 일률적으로 보조금을 지급하고 있으며 그 외 재정은 사회복지관의 자체부담으로 충당하여야 한다.

〈표 3-19〉 광주광역시 사회복지관의 재정 현황

(단위: 천원, %)

복지관명	계	국 비	지방비	자부담
계 (19개소)	5,207,293 (100.0)	597,646 (11.5)	1,792,938 (34.4)	2,816,714 (54.1)
동 구 (1개소)	148,946 (100.0)	28,615 (19.2)	85,844 (57.6)	34,489 (23.2)
빛고을	148,946	28,615	85,844	34,489
서 구 (5개소)	1,580,210 (100.00	150,434 (9.5)	451,302 (28.6)	978,474 (61.9)
쌍 촌	340,001	28,614	85,843	225,542
호 남	164,398	28,614	85,843	49,940
무 진	443,976	28,614	85,843	329,518
금 호	374,534	44,150	132,451	197,933
쌍촌시영	257,299	20,439	61,319	175,540
남 구 (3개소)	1,003,329 (100.0)	116,915 (11.7)	350,746 (35.9)	535,668 (53.4)
인 애	301,950	28,615	85,844	187,491
동 신	356,536	44,151	132,451	179,934
양 지	344,843	44,149	132,451	168,243
북 구 (7개소)	1,684,597 (100.0)	200,302 (11.9)	600,907 (35.7)	883,388 (52.4)
광 주	286,683	28,615	85,844	172,224
시 민	191,688	28,615	85,844	77,229
각 화	282,741	28,615	85,844	168,282
우 산	252,559	28,615	85,843	138,101

복지관명	계	국 비	지방비	자부담
오 치	252,700	28,614	85,844	138,242
두 암	216,154	28,614	85,844	101,696
무 등	202,072	28,614	85,844	87,614
광산구 (3개소)	790,213 (100.0)	101,380 (12.8)	304,139 (38.5)	384,694 (48.7)
하 남	204,054	28,614	85,845	89,595
송 광	273,819	28,614	85,845	159,360
첨 단	312,340	44,152	132,449	135,739

자료: 광주광역시, 내부자료, 2002.

국비와 지방비에 있어서, 국비는 가형복지관은 44,150(천원)을, 나형복지관은 28,614(천원)을, 다형복지관은 20,439(천원)을 일괄적으로 복지관 유형에 따라 지급하고 있으며, 지방비의 경우는 가형복지관은 132,451(천원)을, 나형복지관은 85,844(천원)을, 다형복지관은 61,319(천원)으로 일괄적으로 지급하고 있었다(〈표3-19〉 참조).

3) 재정에 관한 문제점

현재 사회복지관의 재정은 정부의 정보보조금이나 이용자수익금(유아원운영, 부녀자 교실 등)에 크게 의존하고 있으며, 지역주민의 후원금이나 모금활동, 지역사회 활동 등은 그 금액이 적은 실정이다. 그러므로 지역주민의 욕구를 충족시키는 지역센터로서의 역할은 현재의 프로그램과 인력, 재원으로는 이루어지기 어려운 실정이다. 따라서 주민들에 의한 적극적인 운영이라기보다도 일반적인 프로그램이 제공되면 일부주민들이 참여하여 소극적인 사업이 되고 있으며, 새로운 프로그램도 주민의 관심 속에서 진행되지 못하는 문제점을 안고 있다.

또한 정부보조금이 복지관 유형별로 일괄 지급됨에 따라 이용료수익이익금의 비중이 큰 복지관에 더 많은 보조가 이루어지는 결과를 나아 형평성을 잃고 있다.

사회복지관의 재정에 관한 문제점을 세부적으로 살펴보면 다음과 같다.

첫째, 사회복지관에 대한 정부보조금은 각 사회복지관이 지출하는 사업비 수준에 그치는 정도로 나타나고 있다. 따라서 정부보조금만으로는 사회복지관 사업외의 지출항목인 인건비, 운영비, 시설장비비를 충당할 수 없으며, 이러한 비용은 사회복지관에서 자체적으로 조달을 해야 한다.

그리고 정부보조금과 법인부담금을 합하였을 경우에도 사업비와 인건비의 충당에는 미흡하여 사회복지관에서의 세입마련을 위한 사업이 필요함을 알 수 있다. 즉 사회복지관의 세입항목 중 정부보조금과 법인전임금을 합쳐 50%를 조금 넘는 상황에서 목적사업인 지역복지사업을 실시하기 위해서는 사회교육프로그램을 확충하여 자체수입을 늘려야 하고, 이러한 과정에서 사회복지관의 사업이 자칫 수익이 창출되는 사회교육프로그램에 치중될 가능성이 있기 때문이다. 이는 민간의 비영리조직에서의 사회복지관의 특성을 심각하게 위협할 수 있는 조건이 된다.

둘째, 사회복지관의 재정 현황을 통해 재정상태가 취약한 이유를 살펴보면, 정부가 운영비의 절반정도밖에 지원하고 있지 않기 때문이고, 운영법인체도 법인의 설립인가시 또는 사회복지관의 운영을 위탁받을 경우 부담하도록 되어 있는 운영비 부담률 또한 절반 정도밖에 지원하고 있지 않기 때문이다. 이러한 현황은 사회복지관 운영지원액이 사회복지관을 운영하는 데 있어 부족하다는 사실을 단적으로 보여준다.

사회복지관에 대한 정부의 비현실적인 정부보조금 지원은 직원들의 업무를 가중시킬 수 있고, 이로 인해 사회복지서비스는 형식적이고 의례적이고 서비스의 단절까지도 야기할 수 있다. 또한 사회복지관에서의 한정된 자원의 한계를 극복하지 못한 사회복지사들은 소진되거나, 사회복지서비스에 대한 내용을 조절하여, 클라이언트를 선별하거나, 사회복지서비스를 선별하는 등 서비스의 질에 영향을 미칠 것이고, 이로 인한 역기능은 고스란히 클라이언트가 겪게 될 것이다.

제 4 장

지역사회복지관의 효율성 측정

제4장
지역사회복지관의 효율성 측정

●
●
●

제1절
조사 설계

서비스부문의 효율성 측정에서 흔히 나타나는 문제점이지만 대부분의 복지관의 서비스의 산출물은 질적인 공적 서비스라고 할 수 있다. 이러한 산출물에 대한 산출변수를 적절히 선정한다는 것이 어려운 문제이다. 특히 계량적 지표를 요구하는 효율성 분석에서는 지표를 계량화하는 데 대단한 어려운 점이 존재한다.

본 연구의 효율성 측정방법인 DEA는 분석대상이 되는 의사결정단위의 수에 비해 투입·산출변수의 수가 많게 되면 효율적으로 평가되는 의사결정단위의 수가 증가하는 특징을 가지고 있다. 이는 비효율적인 복지관의 판별이 어렵게 된다. 따라서 의사결정단위의 수가 최소한 투입변수와 산출변수의 수의 곱보다 커야 한다는 점에서 의사결정에 요구되는 투입·산출변수를 선별하는 데 충분한 검토가 이루어져야 한다.

DMU의 선정이나 투입·산출변수의 선정 시 다음과 같은 점을 고려하여야 한다(곽영진, 1992: 39). 첫째, 투입물과 산출물의 책임단위로 식별된 DMU이어야 한다. 둘째, 평가에 이용된 DMU는 투입·산출변수의 수와 관련이 있기 때문에 충분한 자유도를 갖는 것이 중요하다. 상황에 따라 다를 수도 있겠으나 DEA에 의한 상대적 효율성 평가를 위한 표본수는 선정된 투입·산출변수 수의 3배 이상을 추천하고 있다. 셋째, 투입·산출배합이 아주 상이한 경우 준거집단의 선정이 어렵게 된다. 따라서 독자적인 평가를 받을 수 있으므로 유사한 DMU를 선정하여야 한다. 넷째, 포락분석기법이기 때문에 자료의 관찰값 취급에 주의를 필요로 한다. 이것은 오류값에 대해서 상당히 민감하게 영향을 받는다. 다섯째, 효율성 평가에 이용될 관찰값은 0(Zero)또는 음의 값은 허용되지 않는다. 여섯째, 투입요소와 산출변수의 변수선택과 선택된 변수의 범위 및 개념을 명확히 정의할 수 있어야 한다.

1. 변수 선정을 위한 선행연구 검토

공공서비스의 산출은 주로 서비스의 형태로 이루어지기 때문에 이를 화폐단위로 환산하는 것이 곤란하다. 따라서 공공서비스의 효율성 측정은 기술적 효율성 측정을 의미하는 것이 보통이다. 이처럼 기술적 효율성을 측정할 경우 사회복지관의 목적을 잘 표현해 줄 수 있는 계량적 지표를 선정하는 것은 대단히 중요하다.

그런데 DEA를 이용한 지역사회복지관의 효율성을 측정한 선행연구가 거의 없는 상태이므로 변수 선정의 어려움이 있다. 따라서 먼저 DEA를 통해 공공서비스의 효율성을 측정한 선행연구의 투입·산출변수를 살펴보고, 본 연구의 투입·산출변수 선정을 하고자 한다(〈표 4-1〉 참조).

정윤수(1992)는 미국의 159개 의료교육병원의 효율성을 평가하였는데, 병원은 환자에게 의료서비스를 제공하고 그 대가로써 수익을 획득하게 되므로 이를 위한 투입물은 인적·물적 변수로 구분하였다. 즉 투입변수는 의료인력, 간호인력, 기타인력, 총병상수를 선정하였다. 산출변수로는 응급환자 총입원일수, 중환자 총입원일수, 입원환자 및 외래환자 수술회수, 훈련받은 레지던트수를 선정하였다.

윤경준·원구환(1996)은 67개 중소도시 상수도 사업을 평가대상으로 하여 분석하였는데, 투입변수는 인건비, 물건비, 기타 영업비용 그리고 영업외 비용을 선정하였다. 산출변수로는 1인1일급수량, 안정성 비율, 수익성 비율을 선정하여 16개 중소도시(23.9%)를 상수도 사업에서 효율적으로 평가하였다.

장태환(1996)은 대학의 효율성 평가에서, 투입변수로 교수수, 직원수, 인건비, 관리운영비, 실습기자재구입비를 선정하여 대학의 인적·물적요소를 투입물로 선정하고 있으며, 산출변수는 학부학생수, 대학원학생수, 외부연구비, 논문수, 취업자수를 선정하였다.

이학주·박희봉(1996)은 68개 지방도시를 대상으로 효율성을 측정하였는데, 투입변수는 공무원수, 공무원 인건비, 자본, 총세출을 선정하였으며, 산출변수로는 건축허가건수, 쓰레기 수거량, 상수도공급량, 생활보호대상자수, 도로사업비, 지방세징수액, 주민수를 선정하였다.

이상섭·김규덕(1998)은 대구광역시 7개와 1개군, 경북10개 시의 폐기물처리 현황을 측정하였는데, 지방정부의 공공서비스 중 하나인 쓰레기수거서비스를 중심으로 효율성을 측정하였다. 투입변수는 물적·인적 자원인 예산, 직원수, 차량수를 선정하였으며, 산출변수는 총수거량, 재활용품수거실적, 봉투수수료징수액을 선정하여 효율성을 측정하였다.

문춘걸(1998)은 67개 중소도시의 효율성을 측정하였는데, 투입변수는

공무원수 / 인구, 공무원구성, 세출 / 인구를 선정하였으며, 산출변수는 하수
도보급율, 상수도보급율, 도로율, 도시공원 시설의 면적, 공중변소의 개수,
사회복지시설 수용인원, 공공도서관입관자수, 공영주차장의 면수, 건축허가
건수를 선정하여 21개 도시(31.3%)가 효율적인 것으로 분석하였다.

최재성(1999)은 사회복지서비스조직의 비용효율성을 측정하였는데, 투입
변수는 '98년도 11개월간의 총지출을 선정하였으며, 산출변수는 이용자 수,
전문프로그램 이용자 수, 프로그램운영실적, 서비스 질에 대한 반영은 98년
도 실적평가점수, 상근 사회복지사수를 선정하였다. 최재성은 상근 사회복
지사수를 산출변수로 선정하여 타 연구에서 인적자원은 투입변수로 간주하
는 데 비하여 산출변수로 선정하여 차이를 보이고 있다.

오현진(2001)은 정보통신기업의 성과평가에 관한 연구에서, 재무적 자료
뿐만 아니라 비재무적 자료를 함께 사용하고 있고, 투입·산출변수 중 신뢰
성 있는 자료의 확보가 어려운 변수들은 변수집합의 구성에서 제외하였다.
오현진의 연구에서 투입변수는 연평균인원수, 건물면적, 자기자본을 선정하
였으며, 산출변수는 영업이익, 목표달성도, 관리회원수를 선정하였다.

선행연구의 평가대상을 대체로 보면 두 유형으로 구분됨을 알 수 있다.
첫째, 병원, 대학, 의료원과 같이 특정의 업무를 수행하는 독립된 사업소형
태의 기관에 대한 평가이며, 둘째는 지방도시 행정에 대한 전반적인 생산성
평가에 관한 것이다(〈표 4-1〉 참조).

〈표 4-1〉 선행연구의 투입·산출변수

연구자(연도)	연구대상	투입변수	산출변수
정윤수(1995)	의료교육병원	의료인력, 간호인력, 기타인력, 총병상수	응급환자 총입원일수, 중환자 총입원일수, 입원환자 및 외래환자 수술횟수, 외래환자 진료횟수, 훈련받은 레지던트수
윤경준·원구환(1996)	중소도시 상수도사업	인건비, 물건비, 기타 영업비용, 영업외 비용	1인1일급수량, 안정성 비율, 수익성 비율
장태환(1996)	대 학	교수수, 직원수, 인건비, 관리운영비, 실습기자재구입비	학부생수, 대학원학생수, 외부연구비, 논문수, 취업자수

연구자(연도)	연구대상	투입변수	산출변수
이혁주 · 박희봉 (1996)	지방도시	공무원수, 공무원인건비, 자본, 총세출	건축허가건수, 쓰레기수거량, 상수도공급량, 생활보호대상자수, 도로사업비, 지방세징수액, 주민수
이상섭 · 김규덕 (1998)	지방정부 (쓰레기)	예산, 직원수, 차량수	총수거량, 재활용품수거실적, 봉투수수료징수액
문춘걸(1998)	중소도시	공무원수 / 인구, 공무원 구성, 세출 / 인구	하수도보급율, 상수도보급율, 도로율, 도시공원시설의 면적, 공중변소의 개수, 사회복지시설 수용인원, 공공도서관입관자수, 공영주차장의 면수, 건축허가건수
최재성(1999)	사회복지관	98년 11개월간 총 지출	총 이용자 수, 전문프로그램 이용자 수, 프로그램운영실적, 98년도실적 평가점수, 상근사회복지사수
곽영진(2000)	우체국	공통영업비, 우편영업비, 금융영업비, 직원수, 관할가구수, 관할면적, 고정자산	우편영업수익, 금융영업수익, 보험수지차, 배달 및 중계우편물량, 현금출납건수, 연평잔실적
오현진(2001)	정보통신 기 업	연평균인원수, 건물면적, 자기자본	영업이익, 목표달성도, 관리회원수
남기범(2001)	자치구	인원, 차량 및 중장비 손수레	총수거량 매각 및 소각량, 재활용품수거량
연구자(2004)	사회복지관	종사자 수 대비 사회복지사비율, 자원봉사자 수, 결산액, 후원금	이용자 수, 총프로그램 수

2. 투입·산출변수의 선정과 조작적 정의

1) 투입 · 산출변수의 선정

공공서비스의 효율성에 필요한 투입변수에는 특정한 재화와 서비스의 생산과 관련된 모든 투입요소들이 망라되어야 한다. 그러나 효율성 측정에 있어 이와 같이 모든 투입변수를 포함시키는 경우는 거의 없다. 그것은 공공서비스 투입요소의 복잡성 때문이다. 많은 자본재들은 건물이나 사회간접자본의 형태로 존재하며, 이러한 것들은 개별서비스를 위해 각각 얼마만큼 배분되어 투입되는지는 계산하기 어렵다. 따라서 주된 투입변수로 다루어지는 것은 대체로 노동, 자본, 설비 등이다. 사회복지서비스 효율성을 측정할 경우, 위의 선행 연구에 기초해 보면 가장 많이 사용되는 투입변수는 인력과 예산을 들 수 있다. 예산을 투입변수로 사용할 경우 조직의 간접적인 투입을 전반적으로 포착할 수 있다는 장점이 있다. 인력을 투입변수로 사용하는 경우, 사회복지관이 생산하는 서비스는 대개 노동집약적인 성격을 지니고 있기 때문이다.

따라서 본 연구에서는 효율성 측정의 투입변수로 빈번하게 사용하고 있는 인력과 예산을 선정하고 있다. 인력은 사회복지관의 전문성에 중요한 요소인 사회복지사의 수를 고려하여, 전체 종업원 수 대비 사회복지사수의 비율을 선정하고 있다. 또한 사회복지관의 프로그램을 실천하기 위하여 필요한 자원봉사자를 투입변수로 선정하고 있다.

그리고 예산에서는 결산액과 후원금을 선정하였는데, 결산액은 시간요소를 논외로 친다면 예산액과 본질적으로 다르지 않고, 최종생산물을 산출하기 위해서 사전에 필요한 투입물이므로 투입변수로 선정하고 있다. 후원금은 결산액에 포함되어 있지만, 후원금은 사회복지기관의 재정확보를 위한 중요한 변수라고 판단하였다. 그리고 DEA에서는 구체적인 생산함수에 관한 정의가 필요하지 않고, 투입·산출관계를 몰라도 가능하다는 특징이 있다. 이처럼 후원금이 결산액에 포함되어 있다고 할지라도, 하나의 변수로 분리해서 선정하여 분석할 수 있다.

공공서비스의 산출변수의 측정은 투입에 비해 그 어려움이 더욱 큰 것으로 인식되고 있다. 효율성 측정을 위한 산출변수의 측정에 있어 고려해야 할 것은 우선 그 요소가 조직의 관점에서 최종산출물일 것, 수량화할 수 있을 것, 시간에 따라 큰 변동이 없을 것, 질적 변화에 따라 부응할 것, 그리고 기관의 활동 중 중요한 부분을 형성할 것 등이다.

최재성(1999)은 사회복지관의 비용효율성을 측정하는 연구에서 산출변수로 총이용자 수, 전문프로그램 이용자 수, 프로그램운영실적, 98년도 실적 평가점수, 상근사회복지사수를 선정하고 있다. 특이한 점은 상근사회복지사수를 산출변수로 선정한 것이다. 이는 충분한 재정확보가 이루어진다면 상근사회복지사를 더 채용할 수 있다는 논리에 의하여 상근사회복지사수를 산출변수로 고려한 것으로 판단된다.

본 연구에서는 산출변수로 이용자 수와 연간 프로그램 수를 선정하고 있다. 이용자 수와 연간 프로그램 수는 사회복지관의 예산과 인력의 투입으로 산출되는 산출변수로 볼 수 있다.

따라서 본 연구에서는 사회복지관의 효율성을 측정하기 위하여 투입변수는 인적·물적 자원인 종사자대비 사회복지사수, 후원금, 결산액, 자원봉사자를 선정하고 있다. 산출변수로는 연간 프로그램 수와 이용자 수를 선정하여 효율성을 측정하고 있다(〈표 4-2〉참조).

2) 투입·산출변수의 조작적 정의

(1) 투입변수

① 결산액

지역사회복지관은 정부보조금 80%(국고20%, 지방비 60%), 자부담 20%의 비율로 운영비를 부담하도록 되어 있고, 중앙정부 및 지방정부 지원액은 사회복지관 형태별로 차등지원하고 있다. 그리고 사업수행능력과 사업실적 등을 고려하여 시·도지사 책임하에 지원한다.

본 연구에서 결산액은 해당 복지관이 당해연도(2002년도)에 후원금, 법인 부담금, 정부지원금 모두를 합하여 지출한 총 액수를 의미한다.

② 종사자 수 대비 사회복지사 비율

본 연구에서는 재가복지센터를 제외한 복지관의 직원 수를 종사자 수로 정의한다. 종사자 수에는 시간 강사 등 비상근직원은 제외한다. 본 연구에서 사회복지사라 함은 사회복지사 1급, 또한 사회복지사 2급 자격증을 소지하고 해당 복지관에 상근으로 근무하는 직원을 의미한다.

③ 자원봉사자 수

자원봉사자는 지역사회에서 서비스를 제공하기 위해 자발적으로 활동하는 사람을 의미하는 것으로 보수나, 대가, 이윤에 관계없이 서비스를 제공하는 사람을 지칭한다.

자원봉사 프로그램의 분야와 내용은 사회가 변화함에 따라 다양화, 세분화되어 가고 있다. 지역사회복지관은 지역사회 주민의 다양한 욕구를 충족시키기 위하여 이용할 수 있는 시설로서 자원봉사활동이 가장 활발하게 일어지고 있는 곳이다. 지역사회복지관에서 이루어지는 자원봉사서비스 내용은 성격에 따라 직접봉사, 사무봉사, 홍보와 재정봉사, 정책결정과 자문봉사 등으로 분류할 수 있다.

본 연구에서 자원봉사자라 함은 해당 복지관에 자원봉사를 위하여 직접 신청서를 기입한 봉사자이며, 유급·무급 자원봉사자[12], 대학의 실습학생 등도 포괄적으로 포함하고 있다.

④ 후원금

후원금은 구체적 사용규정 미비로 인한 자의적인 후원금 사용이 많고, 시설운영의 투명성을 제고하기 위하여 후원금 사용비율을 규정하고 있다. 후원금은 아무런 대가없이 무상으로 받은 금품 기타의 자산으로 법인의 대표이사와 시설의 장이 수령자이며, 후원자가 지정한 사용용도로 사용하여야 한다. 후원금은 후원자가 지정하는 용도(지정후원금)로 사용하되 총 후원금의 10%를 모금 홍보 및 사후관리 비용으로 사용할 수 있다. 비지정후원금은 시설운영비로 사용하되 간접비 집행은 50%를 초과하지 못하게 되어 있다. 후원금은 영수증을 반드시 발행하며, 세입세출예산에 편성하여야 한다.

본 연구에서 후원금이라 함은 해당 복지관에 기탁된 후원금으로 사업후원금(비지정후원금)과 지정후원금을 모두 합하여 후원금이라 한다. 단, 금전이 아닌 물품으로 후원된 부분은 제외한다.

---

12) 자원봉사 프로그램의 가장 큰 과제는 지원봉사자들이 계속 행복하게 느끼면서 자원봉사활동을 지속적으로 전개할 수 있도록 동기부여와 격려를 해 주는 것이다. 인정과 보상 활동에서 자원봉사자의 지속적인 화폐적 보상이 이루어지지 않더라도 간헐적인 보상프로그램이 중요하게 대두되고 있는 측면에서, 본 연구는 유급자원봉사자를 포함하게 되었다.

(2) 산출변수

① 연간 프로그램 수

사회복지관의 운영규정에 의하면, 분야별 단위사업 중에서 해당 사회복지관의 실정에 적합한 프로그램을 10개 이상 선정하여 수행하도록 되어 있다. 분야별 단위사업이라 함은 아동, 장애인, 노인, 청소년, 여성, 지역복지를 일컬으며 최소 10개 이상 프로그램을 수행하여야 한다.

본 연구에서는 해당 복지관이 2002년도 한 해 동안 아동, 장애인, 노인, 청소년, 여성, 지역복지 분야에서 수행한 프로그램 수를 의미하고 있다. 본 연구에서는 재가복지센터의 프로그램 수는 제외한다.

② 이용자 수

본 연구에서 이용자 수라 함은 해당 복지관의 프로그램을 이용하기 위하여 또는 복지 서비스를 이용하기 위하여 당해연도(2002년)에 해당 복지관을 이용한 이용자총수를 의미한다.

〈표 4-2〉 연구의 투입·산출변수

구 분	변 수
투입변수	결산액
	종업원 수 대비 사회복지사 비율
	자원봉사자 수
	후원금
산출변수	이용자 수
	연간 프로그램 수

3. 효율성 측정절차

본 논문은 연구목적을 달성하기 위하여 다음과 같은 효율성 측정절차에 의하여 수행되고 있다. 첫째, 투입·산출변수의 기술통계량을 살펴보고 있다. 기술통계량은 투입·산출변수의 일반적인 특성을 파악하기 위하여 실행되고 있으며, 구체적으로 각각의 투입·산출변수의 산출평균, 표준편차, 최솟값, 최댓값, 왜도, 첨도를 측정하고 있다. 기술통계량은 광주광역시 소재 사회복지관에서 수집한 자료의 도수분포의 집중경향을 파악하기 위함이다.

둘째, 투입·산출변수 간의 상관관계분석을 하고 있다. 즉 각각의 투입·산출변수 간에 관계성 여부를 측정하고자 하였으며, 본 분석에 앞서 선행분석의 역할을 하고 있다.

셋째, DEA에 의한 상대적 효율성 분석하고 있다. 본 연구에서는 DEA 중 CCR모형을 이용하여 상대적 효율성을 측정하고 있다. 14개의 DMU에 대하여 2002년의 자료를 수집하여 분석하였으며, 투입변수는 종사자 수 대비 사회복지사비율, 자원봉사자 수, 결산액, 후원금이며, 산출변수는 연간 프로그램 수와 이용자 수를 측정하고 있다. 측정결과에 의하여 각 DMU의 기술효율성을 파악하여 효율적인 DMU와 비효율적인 DMU를 찾아내어 비효율의 원인을 파악하고자 한다. 효율적인 복지관은 효율성 점수가 1이고, 모든 여유변수(slack variable)의 값이 0으로 파레토 효율성 조건을 충족하고 있지만, 비효율적인 복지관은 준거집단[13]인 복지관에 비하여 비효율적인 자원운영을 하고 있음을 알 수 있다.

여기서 DEA에서 효율적인 DMU라 함은 평가대상의 DMU들 가운데 비교되는 다른 DMU에 비하여 상대적으로 투입·산출의 비율에 있어 우위의 입장에 있기 때문에 효율성 프런티어 상에 놓이게 되는 DMU를 의미하는 것으로 절대적인 관점에서 100% 효율적으로 운영된다는 것을 의미하는 것은 아니다. 마찬가지로 비효율적인 DMU라 함은 효율성 프런티어의 안쪽에 놓이게 되어 효율성 프런티어 상에 있어 효율적인 DMU에 비해 투입·산출에 있어 열위의 입장에 있는 DMU들을 의미한다. 효율적인 DMU는 E(efficiency)의 등급으

---

13) 준거집단은 특정 복지관의 양과 질에서 유사한 투입·산출 구조를 가지는 복지관으로 특정 복지관을 평가하는 데 이용되는 복지관을 말한다.

로 표시하였으며, 비효율적인 DMU는 I(inefficiency)의 등급으로 표시하고 있다.

그리고 선정된 투입·산출변수를 제거하여 DEA의 효율성 수치를 측정하였다. 투입·산출변수의 제거를 통하여 어떠한 변수가 상대적으로 효율적 준거집단에 비하여 비효율의 변수인가를 파악할 수 있다.

넷째, 비효율의 원인을 파악하기 위하여 관리자의 심층면접을 하고 있다. DEA를 통해서 효율적 복지관과 비효율적 복지관이 측정되면, 비효율적 복지관은 상대적으로 준거집단인 효율적 복지관과 비교하여 투입 대 산출비율이 비효율적으로 판단할 수 있다. 따라서 비효율적 복지관을 중심으로 중간 관리자(과·부장) 이상의 면접을 통해서 투입 및 산출변수 중 어떠한 변수가 타 복지관에 비하여 상대적으로 비효율적이었는가를 면접을 통해 심층면접(probing기법)을 하고 있다. 심층면접을 통해서 비효율적 복지관의 원인 파악을 하고 있으며, 원인파악을 통해서 광주광역시 소재 사회복지관의 효율성 증진방안에 대하여 논의하고 있다.

제2절
지역사회복지관의 효율성 측정

1. 기술통계량

연구의 분석대상인 광주광역시 소재 사회복지관 14개 DMU에 대한 투입변수(종사사수 대비 사회복지사 비율, 자원봉사자 수, 결산액, 후원금)와 산출변수(연간 프로그램 수, 이용자 수)의 현황은 다음과 같다(〈표 4-3〉 참조).

〈표 4-3〉 투입·산출변수의 현황

번호	DMU	투 입 변 수				산 출 변 수	
		사회복지사 수 / 종사자 수	자원봉사 자 수(명)	결산액 (천원)	후원금 (천원)	연간 프로 그램 수(개)	이용자 수 (명)
1	DMU1	0.67	156	148,946	25,034	42	50,133
2	DMU2	0.64	335	443,976	43,884	50	34,166
3	DMU3	0.55	81	164,398	25,000	20	63,474
4	DMU4	0.90	430	340,001	47,255	52	72,450
5	DMU5	0.86	114	374,534	46,402	60	250,990
6	DMU6	0.56	1,312	344,843	42,555	64	33,964
7	DMU7	0.83	324	301,950	5,034	52	4,092
8	DMU8	0.75	2,461	356,536	60,567	90	168,302
9	DMU9	0.67	176	191,668	13,410	50	31,972
10	DMU10	0.36	125	252,559	22,000	66	70,000
11	DMU11	1.00	210	282,741	26,153	109	184,881
12	DMU12	0.60	292	216,154	8,510	62	145,123
13	DMU13	0.33	88	252,700	78,340	57	99,829
14	DMU14	1.00	361	273,819	45,939	44	162,783

자료: 광주광역시 소재 복지관 내부자료, 2002.

14개소 사회복지관의 종사자대비 사회복지사비율의 평균은 0.7121이었으며, 최소값(0.36)과 최대값(1.00)의 편차가 심하게 나타났다. 또한 사회복지관의 평균 자원봉사자 수는 461.79명으로 최소 81명과 최대 2,461명으로 나타나 복지관별로 자원봉사자 수에 큰 편차를 보이고 있었으며, 프로그램 총수, 후원금, 이용자 수, 결산액 모두 복지관별로 최소값, 최대값이 큰 편차를 보이고 있었다. 이러한 편차는 복지관별로 다양한 운영을 하고 있는 것을 나타낸다(〈표 4-4〉 참조).

〈표 4-4〉 투입 · 산출변수의 기술통계량

구 분		평 균	표준편차	최소값	최대값	왜 도	첨 도
투입 변수	종사자대비사회복 지사비율(%)	0.7121	0.1861	0.33	1.00	0.050	-0.502
	자원봉사자 수(명)	461.79	653.5374	81	2,461	2.681	7.286
	결산액(천원)	269,000	108,000	191,688	444,000	-0.762	0.982
	후원금(원)	34,934,692	20,387,228	5,035,130	78,340,872	0.449	-0.100
산출 변수	이용자 수(명)	98,011.36	72,637.81	4,092	250,990	0.733	-0.370
	프로그램총수(개)	58.43	21.1940	20	109	0.901	2.133

자료: 광주광역시 소재 복지관 내부자료, 2002.

2. 투입·산출변수 간의 상관분석

투입변수와 산출변수의 상관관계를 살펴보기 위하여 상관분석을 하였
다. 상관분석의 결과는 다음과 같다(〈표 4-5〉 참조). 사회복지사수와 이
용자 수와의 상관관계 계수를 보면 0.781로 정(+)의 상관관계를 가지고
있으며, 0.01수준에서 유의함을 알 수 있다. 종사자 수와 이용자 수와의
상관관계 계수를 보면 0.713으로 정(+)의 상관관계를 가지고 있으며,
0.01수준에서 유의함을 알 수 있다. 그리고 종사자 수와 후원금간의 상
관관계를 보면, 상관계수가 0.650으로 0.01수준에서 유의함을 알 수 있
으며, 종사자 수와 복지사수와의 상관관계를 보면, 상관계수가 0.516으
로 0.01수준에서 유의함을 알 수 있다. 기타 다른 변수들 간의 상관관계
는 통계적으로 유의하지 않은 약한 상관관계를 가지거나 상관관계가 없
는 것으로 나타났다.

〈표 4-5〉 투입변수와 산출변수 간의 상관관계분석

구 분	종사자 수	자원 봉사자 수	복지사수	후원금	결산액	연 간 프로그램 수	이용자 수
종사자 수	1.000						
자원봉사자 수	-0.010	1.000					
복지사수	0.516*	0.092	1.000				
후원금	0.650*	0.359	0.467	1.000			
결산액	0.112	0.346	0.322	0.472	1.000		
연간 프로그램 수	-0.039	0.431	0.153	0.138	0.323	1.000	
이용자 수	0.713**	0.118	0.781**	0.330	0.257	0.474	1.000

* $p < 0.05$ ** $P < 0.01$

3. DEA에 의한 상대적 효율성 측정

1) DEA에 의한 기술효율성

DEA 효율성 수치가 1.00이면 효율적 복지관이며, 1.00미만이면 비효율적 복지관으로 구분된다. 즉 비효율복지관은 상대적으로 준거집단인 효율적 복지관과 비교하여 투입 대 산출 비율이 비효율적으로 판단된다.

결과적으로, DEA를 이용한 효율성 평가에서 14개소의 복지관 중 6개 복지관이 효율적으로 나타났다. 즉 DMU5, DMU6, DMU10, DMU11, DMU12, DMU13 복지관이 상대적으로 다른 복지관에 비하여 효율적인 것으로 나타났다.

〈표 4-6〉 DEA에 의한 기술효율성 결과

(단위: %)

DMU	효율성 수치	효율성	준거집단
DMU1(#1)	73.14	I	#10
DMU2(#2)	57.83	I	#5, #10, #13
DMU3(#3)	42.94	I	#10, #11
DMU4(#4)	45.90	I	#10, #11
DMU5(#5)	100.00	E	
DMU6(#6)	100.00	E	
DMU7(#7)	96.40	I	#5, #11, #13
DMU8(#8)	67.98	I	#10, #11
DMU9(#9)	78.13	I	#10, #13
DMU10(#10)	100.00	E	
DMU11(#11)	100.00	E	
DMU12(#12)	100.00	E	
DMU13(#13)	100.00	E	
DMU14(#14)	88.55	I	#5, #13

* E: efficient, I: inefficient

DEA에 의한 기술효율성 분석을 보면, 〈표 4-6〉에서 보는 바와 같이 DMU1 복지관의 경우, 유사한 투입 구조를 갖고 있어 비교되는 효율적인 준거집단으로 표시된 DMU10 복지관에 비하여 비효율적이며, 이 효율의 정도가 준거집단에 비해 73.14%에 이르지 못함을 의미한다.

여기서 효율적인 복지관의 경우 효율성 프런티어 내부에 놓이는 비효율적 DMU에 대하여 준거집단이 되고, 그 값이 100.00%라는 것은 다른 DMU들에 비교해 볼 때 어떠한 비효율성의 부분을 제시해 줄 수 없음을 의미할 뿐이며 절대적인 효율성의 지표는 될 수 없다는 점을 유의하여야 한다.

2) DEA에 의한 비효율적인 DMU의 결과해석

(1) 비효율적인 DMU1의 DEA결과해석

DMU1 복지관의 효율성은 73.14%의 값을 나타내어 비효율성으로 평가되어 준거집단을 가지고 있다. 준거집단은 DMU10 복지관으로 투입·산출 배합구조면에서 DMU1과 가장 유사하다. 효율성 기준선(score upon efficiency line)은 준거집단이 가지고 있는 람다(λ)값을 해당 DMU의 투입·산출 벡타와 곱하여 합산한 가중합계치로 DMU1를 평가하게 된다.

여유변수(slack)는 해당 DMU의 투입·산출량과 효율성 프런티어 상의 투입·산출량과의 차이이다. 즉 이상적 가중치와 실제측정치의 차이 값을 나타내며, 정(+)일 경우는 과잉공급으로 축소되어야 하며, 부(−)일 경우는 과소공급으로 확대되어야 함을 의미한다.

따라서 DMU1 복지관은 효율적인 준거집단에 비하여 자원봉사자 수가 46명, 후원금은 11,257(천원), 종사자 수 대비 사회복지사비율은 0.14가 과잉공급되고 있으며, 프로그램 수는 15개, 이용자 수는 47,262명 과소공급되고 있음을 알 수 있다. DMU1 복지관은 효율적인 복지관 운영을 위해서 연간 프로그램 수와 이용자 수에 대한 개선이 요구된다(〈표 4-7〉, 〈그림 4-1〉 참조).

잠재적 개선비(potential improvement)에서 볼 수 있듯이 투입변수인 자원봉사자 수는 관찰치 대비 효율성기준수치가 29.5%나 과잉공급되고 있는 것을 의미한다. 후원금은 45.0%, 종사자 수 대비 사회복지사 비율은 21.9%가 과잉공급되고 있는 것으로 나타났다. 반면 산출변수인 연간 프로그램 수는 관찰치 대비 효율성기준수치가 35.7%나 과소공급되고 있는 것으로 나타났다. 특히 이용자 수는 관찰치 대비 효율성기준수치가 94.3%를 차지하고 있는 것으로 나타나 이용자 수가 상대적인 준거집단에 비해 크게 못 미치는 것으로 나타났다

<표 4-7> DMU1의 DEA결과해석

(단위: 명, 천원)

Variable Types	Variable name	Observed Score	Score upon Efficiency Line	Slack	Potential Improvement(%)
투입변수	자원봉사자 수	156	110	46	29.5
	후원금	25,034	13,777	11,257	45.0
	결산액	148,948	148,948	0	0.0
	종사자 수 대비 사회복지사비율	0.67	0.53	0.14	21.9
산출변수	연간 프로그램 수	42	57	-15	35.7
	이용자 수	50,133	97,395	-47,262	94.3

<그림 4-1> DMU1의 투입·산출변수의 잠재적개선정도

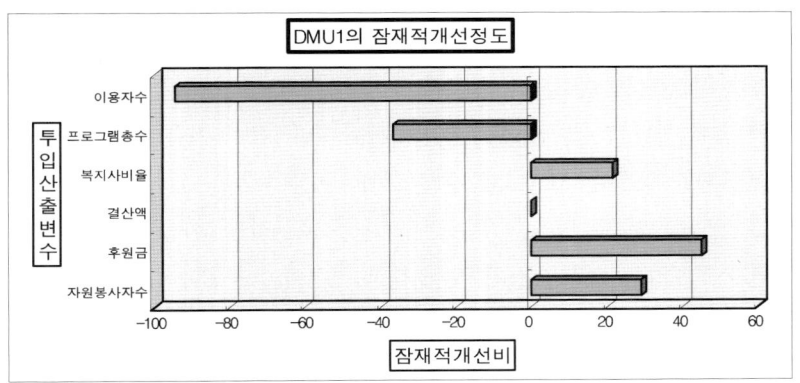

(2) 비효율적인 DMU2의 DEA결과해석

   DMU2 복지관의 효율성은 57.83%의 값을 나타내어 비효율성으로 평가되어 준거집단을 가지고 있다. 준거집단은 DMU5, DMU10, DMU13 복지관으로 투입·산출 배합구조면에서 DMU2과 가장 유사하다.

   DMU2 복지관은 산출 대비 결산비율을 보면, 연간 프로그램 수는 15개, 이용자 수는 46,294명이 과소공급되고 있는 것으로 나타났다. DMU2 복지관은 산출변수인 연간 프로그램 수와 이용자 수의 개선이 필요하다. 그리고 연간 프로그램 수와 이용자 수는 관찰치 대비 효율성기준수치가 75.0%와 72.9%를 차지하고 있는 것으로 나타나 연간 프로그램 수와 이용자 수가 상대적인 준거집단에 비해 크게 못 미치는 것으로 나타났다(〈표 4-8〉, 〈그림 4-2〉참조).

〈표 4-8〉 DMU2의 DEA결과해석

(단위: 명, 천원, %)

Variable Types	Variable name	Observed Score	Score upon Efficiency Line	Slack	Potential Improvement(%)
투입변수	자원봉사자 수	81	81	0	0.0
	후원금	25,000	17,972	7,028	28.1
	결산액	164,398	164,398	0	0.0
	종사자 수 대비 사회복지사비율	0.55	0.42	0.13	23.8
산출변수	연간 프로그램 수	20	35	-15	75.0
	이용자 수	63,474	109,768	-46,294	72.9

〈그림 4-2〉 DMU2의 투입·산출변수의 잠재적개선정도

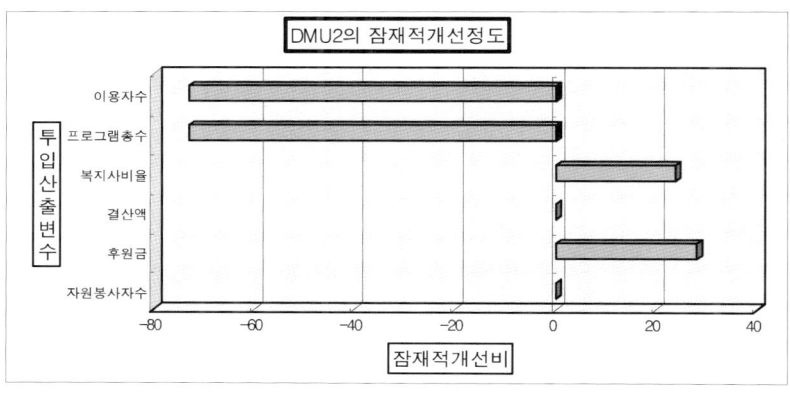

(3) 비효율적인 DMU3의 DEA결과해석

DMU3 복지관의 효율성은 42.94%의 값을 나타내어 비효율성으로 평가되어 준거집단을 가지고 있다. 준거집단은 DMU10, DMU11 복지관으로

투입·산출 배합구조면에서 DMU3과 가장 유사하다.

DMU3 복지관은 산출 대비 결산비율을 보면, 연간 프로그램 수는 66개, 이용자 수는 90,164명이 과소공급되고 있는 것으로 나타났다. DMU3 복지관은 산출변수인 연간 프로그램 수와 이용자 수의 개선이 필요하다.

그리고 연간 프로그램 수와 이용자 수는 관찰치 대비 효율성기준수치가 각각 132.0%, 263.9%를 차지하고 있는 것으로 나타나 연간 프로그램 수와 이용자 수가 상대적인 준거집단에 비해 크게 못 미치는 것으로 나타났다 (〈표 4-9〉, 〈그림 4-3〉 참조).

〈표 4-9〉 DMU3의 DEA결과해석

(단위: 명, 천원, %)

Variable Types	Variable name	Observed Score	Score upon Efficiency Line	Slack	Potential Improvement(%)
투입변수	자원봉사자 수	335	221	114	34.0
	후원금	43,884	38,692	5,192	11.8
	결산액	443,976	443,976	0	0
	종사자 수 대비 사회복지사비율	0.64	0.64	0	0
산출변수	연간 프로그램 수	50	116	-66	132.0
	이용자 수	34,166	124,329	-90,164	263.9

〈그림 4-3〉 DMU3의 투입·산출변수의 잠재적개선정도

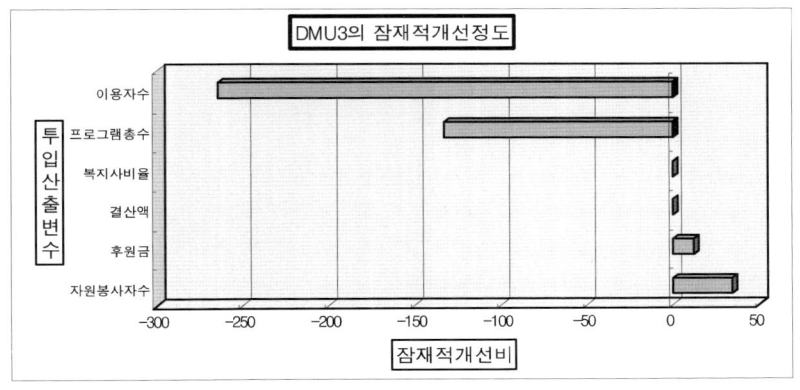

(4) 비효율적인 DMU4의 DEA결과해석

DMU4 복지관의 효율성은 45.90%의 값을 나타내어 비효율성으로 평가되어 준거집단을 가지고 있다. 준거집단은 DMU10, DMU11 복지관으로 투입·산출 배합구조면에서 DMU4과 가장 유사하다.

DMU4 복지관은 산출 대비 결산비율을 보면, 연간 프로그램 수는 61개, 이용자 수는 95,896명이 과소공급되고 있는 것으로 나타났다. DMU4 복지관은 산출변수인 연간 프로그램 수와 이용자 수의 개선이 필요하다. 그리고 연간 프로그램 수와 이용자 수는 관찰치 대비 효율성기준수치가 각각 117.3%, 132.4%를 차지하고 있는 것으로 나타났다(〈표 4-10〉, 〈그림 4-4〉참조).

〈표 4-10〉 DMU4의 DEA결과해석

(단위: 명, 천원, %)

Variable Types	Variable name	Observed Score	Score upon Efficiency Line	Slack	Potential Improvement (%)
투입변수	자원봉사자 수	430	217	213	49.5
	후원금	47,255	30,677	16,578	35.1
	결산액	340,001	340,001	0	0
	종사자 수 대비 사회복지사 비율	0.9	0.9	0	0
산출변수	연간프로 그램수	52	113	-61	117.3
	이용자 수	72,450	168,346	-95,896	132.4

<그림 4-4> DMU4의 투입·산출변수의 잠재적개선정도

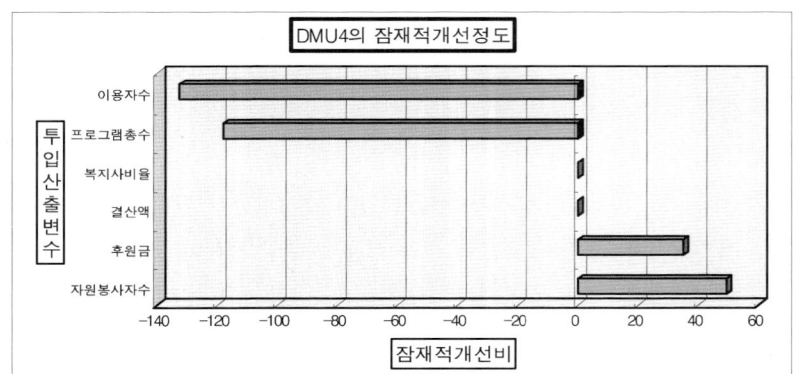

(5) 비효율적인 DMU7의 DEA결과해석

　DMU7 복지관의 효율성은 96.40%의 값을 나타내어 비효율성으로 평가되어 준거집단을 가지고 있다. 준거집단은 DMU5, DMU11, DMU13 복지관으로 투입·산출 배합구조면에서 DMU7과 가장 유사하다.

　DMU7 복지관은 산출 대비 결산비율을 보면, 연간 프로그램 수는 3개, 이용자 수는 6,276명이 과소공급되고 있는 것으로 나타났다. DMU7 복지관은 산출변수인 연간 프로그램 수와 이용자 수의 개선이 필요하다. 그러나 자원봉사자 수와 후원금은 관찰치 대비 효율성기준수치가 각각 87.7%, 58.7%를 차지하고 있는 것으로 나타나 자원봉사자 수와 후원금이 준거집단에 비하여 상대적으로 많은 것으로 나타났다(<표 4-11>, <그림 4-5> 참조).

<표 4-11> DMU7의 DEA결과해석

(단위: 명, 천원, %)

Variable Types	Variable name	Observed Score	Score upon Efficiency Line	Slack	Potential Improvement(%)
투입변수	자원봉사자 수	2,461	302	2,159	87.7
	후원금	60,567	25,028	35,539	58.7
	결산액	356,536	356,536	0	0

Variable Types	Variable name	Observed Score	Score upon Efficiency Line	Slack	Potential Improvement(%)
투입변수	종사자 수 대비 사회복지사 비율	0.75	0.75	0	0
산출변수	연간 프로 그램 수	90	94	-3	3.3
	이용자 수	168,302	174,578	-6,276	3.7

〈그림 4-5〉 DMU7의 투입·산출변수의 잠재적개선정도

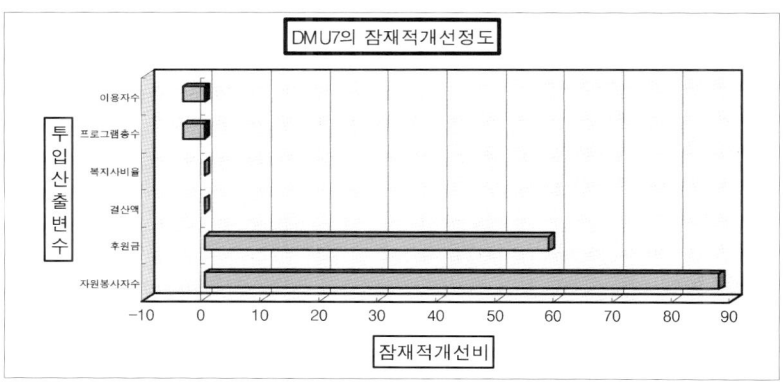

(6) 비효율적인 DMU8의 DEA결과해석

DMU8 복지관의 효율성은 67.98%의 값을 나타내어 비효율성으로 평가되어 준거집단을 가지고 있다. 준거집단은 DMU10, DMU11 복지관으로 투입·산출 배합구조면에서 DMU8과 가장 유사하다.

DMU8 복지관은 산출 대비 결산비율을 보면, 연간 프로그램 수는 30개, 이용자 수는 73,828명이 과소공급되고 있는 것으로 나타났다. DMU8 복지관은 산출변수인 연간 프로그램 수와 이용자 수의 개선이 필요하다.

한편 자원봉사자 수는 관찰치 대비 효율성기준수치가 86.4%를 차지하여

자원봉사자 수가 상대적으로 준거집단에 비하여 많은 것으로 나타났다. 이에 반해, 이용자 수는 관찰치 대비 효율성기준수치가 217.4%를 차지하여 상대적으로 준거집단에 비하여 크게 못 미치는 것으로 나타나 개선이 필요하다(〈표 4-12〉, 〈그림 4-6〉 참조).

〈표 4-12〉 DMU8의 DEA결과해석

(단위: 명, 천원, %)

Variable Types	Variable name	Observed Score	Score upon Efficiency Line	Slack	Potential Improvement (%)
투입변수	자원봉사자 수	1,312	179	1,133	86.4
	후원금	42,555	30,213	12,342	29.0
	결산액	344,843	344,843	0	0
	종사자 수 대비 사회복지사 비율	0.56	0.56	0	0
산출변수	연간프로그램수	´64	94	-30	46.9
	이용자 수	33,964	107,792	-73,828	217.4

〈그림 4-6〉 DMU8의 투입·산출변수의 잠재적개선정도

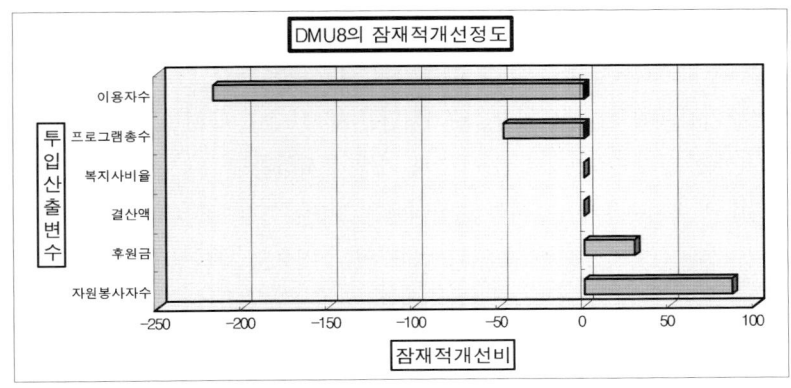

(7) 비효율적인 DMU9의 DEA결과해석

DMU9 복지관의 효율성은 78.13%의 값을 나타내어 비효율성으로 평가되어 준거집단을 가지고 있다. 준거집단은 DMU10, DMU13 복지관으로 투입·산출 배합구조면에서 DMU9과 가장 유사하다.

DMU9 복지관은 산출 대비 결산비율을 보면, 연간 프로그램 수는 14개, 이용자 수는 91,779명이 과소공급되고 있는 것으로 나타났다. DMU9 복지관은 산출변수인 연간 프로그램 수와 이용자 수의 개선이 필요하다.

특히 이용자 수는 관찰치 대비 효율성기준수치가 287.1%를 차지하여 이용자 수가 상대적으로 준거집단에 비하여 크게 적은 것으로 나타났다(〈표 4-13〉, 〈그림 4-7〉 참조).

〈표 4-13〉 DMU9의 DEA결과해석

(단위: 명, 천원, %)

Variable Types	Variable name	Observed Score	Score upon Efficiency Line	Slack	Potential Improvement (%)
투입변수	자원봉사자 수	176	176	0	0.0
	후원금	13,410	13,410	0	0.0
	결산액	191,688	182,900	8788	4.6
	종사자 수 대비 사회복지사 비율	0.67	0.60	0.07	10.4
산출변수	연간 프로그램 수	50	64	-14	28.0
	이용자 수	31,972	123,751	-91,779	287.1

〈그림 4-7〉 DMU9의 투입·산출변수의 잠재적개선정도

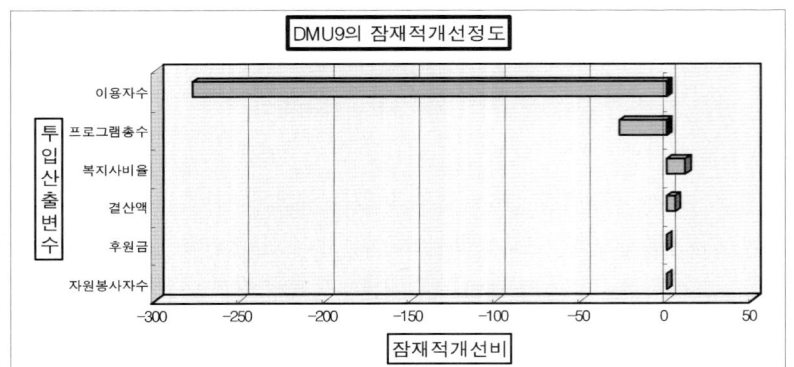

(8) 비효율적인 DMU14의 DEA결과해석

DMU14 복지관의 효율성은 88.55%의 값을 나타내어 비효율성으로 평가되어 준거집단을 가지고 있다. 준거집단은 DMU5, DMU13 복지관으로 투입·산출 배합구조면에서 DMU14과 가장 유사하다.

DMU14 복지관은 산출 대비 결산비율을 보면, 연간 프로그램 수는 33개, 이용자 수는 21,045명이 과소공급되고 있는 것으로 나타났다. DMU14 복지관은 산출변수인 연간 프로그램 수와 이용자 수의 개선이 필요하다.

특히 연간 프로그램 수는 관찰치 대비 효율성기준수치가 75.0%를 차지하여 연간 프로그램 수가 상대적으로 준거집단에 비하여 크게 적은 것으로 나타났다. 반면 후원금은 관찰치 대비 효율성기준수치가 75.0%로 나타나 준거집단에 비하여 상대적으로 후원금이 많은 것으로 나타났다(〈표 4-14〉, 〈그림 4-8〉 참조).

〈표 4-14〉 DMU14의 DEA결과해석

(단위: 명, 천원, %)

Variable Types	Variable name	Observed Score	Score upon Efficiency Line	Slack	Potential Improvement (%)
투입변수	자원봉사자 수	361	361	0	0.0
	후원금	45,939	11,499	34,440	75.0
	결산액	273,819	293,819	0	0.0
	종사자 수 대비 사회복지사 비율	1.0	0.76	0.24	24.0
산출변수	연간프로그램수	44	77	-33	75.0
	이용자 수	162,783	183,828	-21,045	12.9

〈그림 4-8〉 DMU14의 투입·산출변수의 잠재적개선정도

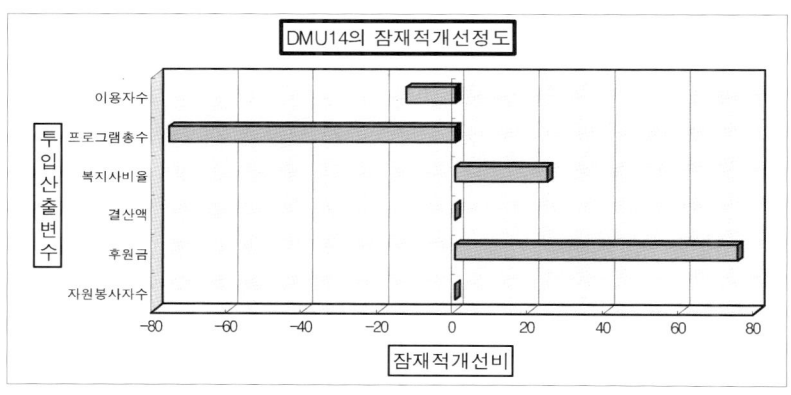

3) DEA에 의한 투입·산출변수의 제거

(1) 산출변수의 제거

효율성은 투입 대 산출비율로 측정되어진다. 투입변수는 그대로 놓아두고

산출변수를 제거하여 보았다. 먼저, 산출변수인 연간 프로그램 수를 제거하고 투입변수(자원봉사자 수, 후원금, 결산액, 종업원 수 대비 사회복지사비율)와 산출변수(이용자 수)로 효율성을 측정하였다. 다음으로, 산출변수인 이용자 수를 제거하고 투입변수(자원봉사자 수, 후원금, 결산액, 종업원 수 대비 사회복지사비율)와 산출변수(연간 프로그램 수)로 효율성을 측정하여 효율성 수치의 변화를 보았다(〈표 4-15〉참조).

산출변수인 연간 프로그램 수를 제거하여 측정한 효율성 수치와 이용자 수를 제거하여 측정한 효율성 수치와는 차이를 보였다. 연간 프로그램 수를 제거하여 효율성을 측정한 결과 산출변수 두변수를 포함하여 측정한 결과와 비교하면 효율적 복지관인 DMU6, DMU10, DMU11. DMU12 복지관이 효율성 수치가 1.00 이하로 나타나 비효율적 복지관으로 측정되었다.

반면 산출변수인 이용자 수를 제거하여 효율성을 측정한 결과를 보면, DMU5 복지관만이 효율성 수치가 1.00이하로 보여 비효율적 복지관으로 측정되었다. 즉 광주광역시 소재 14개 복지관의 산출변수인 프로그램 수는 비효율적 복지관의 비효율의 원인이 될 수 있음을 시사하고 있다. 따라서 광주광역시 소재 복지관은 이용자 수보다는 상대적으로 프로그램 수에 대한 개선 노력이 우선시 될 필요가 있다.

그리고 DMU6 복지관은 산출변수인 연간 프로그램 수를 제거하여 효율성을 측정한 결과 효율성 수치가 100.00%에서 4.77%로 급감하여 비효율적 복지관으로 전락하였다. 이는 DMU6 복지관의 효율성에 산출변수인 연간 프로그램 수가 중대한 영향을 미치고 있는 것으로 판단된다. 또한 DMU11 복지관과 DMU12 복지관 역시 효율성 수치가 각각 66.63%와 58.98%로 감소하여 산출변수인 연간 프로그램 수에 대한 개선의 노력이 필요하다.

〈표 4-15〉 DEA에 의한 산출변수 제거 결과

(단위: %)

DMU	효율성 수치		
	산출변수 (이용자 수, 연간 프로그램 수)	산출변수 (이용자 수)	산출변수 (연간 프로그램 수)
DMU1(#1)	73.14	50.16	73.14
DMU2(#2)	57.83	57.60	44.88
DMU3(#3)	42.94	18.29	42.94
DMU4(#4)	45.90	31.75	45.90
DMU5(#5)	100.00	100.00	92.87
DMU6(#6)	100.00	4.77	100.00
DMU7(#7)	96.40	76.89	83.80
DMU8(#8)	67.98	20.78	67.98
DMU9(#9)	78.13	25.61	78.13
DMU10(#10)	100.00	97.50	100.00
DMU11(#11)	100.00	66.63	100.00
DMU12(#12)	100.00	58.98	100.00
DMU13(#13)	100.00	100.00	100.00
DMU14(#14)	88.55	88.55	41.68

(2) 투입변수의 제거

각각의 투입변수는 효율성 수치의 변화에 어떠한 영향을 미치는지를 알아
보기 위하여 투입변수를 제거(산출변수는 변화시키지 않고 각각의 투입변수
를 제거)함으로써 효율성 수치의 변화를 보았다. 투입변수인 결산액과 종업
원 수 대비 사회복지사비율을 제거한 결과 효율성 수치에는 큰 변화를 보이
지 않았다. 또한 투입변수인 자원봉사자 수를 제거한 결과 특별한 변화가 나
타나지 않았다.

그런데 투입변수인 후원금을 제거한 결과 DMU6 복지관이 효율성 수치
가 50.78%로 급감하여 효율적 복지관에서 비효율적 복지관으로 변화하였
다. 이는 DMU6 복지관은 후원금 변수가 복지관의 효율성과 밀접한 관련
이 있는 것으로 판단된다. 따라서 DMU6 복지관은 타 투입변수보다 후원

금에 대한 지속적인 주의가 필요하다(〈표 4-16〉 참조).

〈표 4-16〉 DEA에 의한 투입변수 제거 결과

(단위: %)

DMU	효율성 수치				
	제거변수				
	없 음	자원봉사자 수	후원금	결산액	종업원 수 대비 종사자 수
DMU1(#1)	73.14	73.14	73.14	51.25	73.14
DMU2(#2)	57.83	57.51	57.83	46.93	57.83
DMU3(#3)	42.94	42.94	42.94	42.61	29.21
DMU4(#4)	45.90	45.90	45.90	37.35	39.67
DMU5(#5)	100.00	100.00	100.00	100.00	100.00
DMU6(#6)	100.00	100.00	50.78	100.00	100.00
DMU7(#7)	96.40	96.40	96.40	93.07	71.56
DMU8(#8)	67.98	67.98	67.98	62.34	48.14
DMU9(#9)	78.13	75.90	68.09	78.13	78.13
DMU10(#10)	100.00	100.00	100.00	100.00	100.00
DMU11(#11)	100.00	100.00	100.00	100.00	100.00
DMU12(#12)	100.00	100.00	100.00	100.00	100.00
DMU13(#13)	100.00	100.00	100.00	100.00	100.00
DMU14(#14)	88.55	88.55	88.55	57.77	88.55

제 5 장

지역사회복지관의 효율성 증진방안

제5장

지역사회복지관의 효율성 증진방안

●

●

●

제1절
지역사회복지관의 비효율성

1. DEA의 결과해석

광주광역시 14개 사회복지관의 효율성을 측정하기 위해 DEA를 이용하여 효율적 복지관과 비효율적 복지관을 구분하였다. 효율적 복지관은 DEA 효율성 수치가 1.00인 복지관이며, 비효율적 복지관은 DEA의 효율성 수치가 1.00미만인 복지관으로 구별되었다.

그리고 비효율적 복지관의 결과해석을 통해서 여유변수를 측정하였으며,

여유변수는 이상적 가중치와 실제측정치와의 차이 값을 제시해 주고 있다. 따라서 비효율적 복지관의 과소공급 또는 과잉공급의 변수를 알 수 있었으며, 이에 대해서 비효율적 복지관의 개선의 노력이 필요함을 제시하였다.

DEA의 분석결과와 분석결과를 통하여 비효율복지관의 비효율의 원인을 제시하면 다음과 같이 정리할 수 있다.

첫째, DEA측정 결과 효율적 복지관은 6개소이며, 비효율적 복지관은 8개소로 측정되었다. 즉 효율적 복지관은 효율성 수치가 1.00인 복지관으로 DMU5, DMU6, DMU10, DMU11, DMU12, DMU13 복지관이었다. 비효율적 복지관은 효율성 수치가 1.00미만의 복지관으로 DMU1, DMU2, DMU3, DMU4, DMU7, DMU8, DMU9, DMU14 복지관이었다(〈표 4-6〉 참조). 그리고 비효율적 복지관 중 DMU3 복지관이 효율성 수치가 42.94%로 가장 낮게 측정되었으며, DMU4, DMU2, DMU8 복지관의 효율성 수치는 각각 45.90%, 57.83%, 67.98%로 나타났다.

둘째, 비효율적 복지관 8개소의 DEA 결과의 공통된 내용은 산출변수인 연간 프로그램 수와 이용자 수의 여유변수가 음(−)의 값을 나타내고 있어 과소공급됨을 알 수 있었다(〈표 4-7에서 4-14〉 참조). 즉 효율적인 복지관이 되기 위해서는 투입요소를 그대로 두고 산출 요소를 증가시키거나, 산출 요소를 그대로 두고 투입요소를 감소시키면 효율적 복지관이라고 할 수 있다. 광주광역시 소재 사회복지관의 투입요소인 자원봉사자 수, 후원금, 결산액, 종사자 수 대비 사회복지사 비율은 상대적으로 효율성기준수치를 상회하는 것으로 나타나 투입요소는 충분한 공급이 이루어지는 것으로 나타났다. 그러나 산출변수인 연간 프로그램 수와 이용자 수는 효율성기준수치에 미치지 못한 것으로 나타나 개선이 요구되고 있다.

좀더 자세히 보면, 산출변수인 이용자 수에 대하여 DMU3, DMU4, DMU8, DMU9 복지관의 실제관찰수치와 효율성기준수치를 대비하여 보면, 각각 263.9%, 132.4%, 217.4%, 277.7%로 100.0%를 상회하는 것으로 나타났다. 즉 위 4개 복지관은 준거집단에 비하여 상대적으로 효율적 복지관이 되기 위해서는 이용자 수를 증가시키기 위한 사회복지관의 적극적인 개선의 노력이 필요하다는 것을 알 수 있다.

그리고 산출변수인 연간 프로그램 수에 대하여 DMU2, DMU3 복지관의 실제관찰수치와 효율성기준수치를 대비하여 보면 각각 132.9%, 117.8%로 100.0%를 상회하는 것으로 나타나 위 두 복지관은 프로그램 개발을 위해 두 배의 노력을 기울여야할 것으로 판단된다.

반면, 투입변수인 자원봉사자 수에 대하여 DMU7 복지관은 실제관찰수치와 효율성기준수치를 대비하여 보면 87.7%를 차지하고 있어 타 복지관과 비교하여 상대적으로 높은 수치를 보이고 있다. 이는 학교와 밀접한 관련을 가지고 있는 DMU7 복지관의 특수성에 기인한 것으로 판단된다(〈표 4-9〉 참조).

따라서 광주광역시 소재 사회복지관의 효율성을 증진하기 위해서는 적극적인 프로그램 개발을 통해 프로그램을 증가시키고, 적극적인 모집활동을 통해 이용자 수를 대폭 증가시켜 나가야 한다.

셋째, DEA에 의한 투입·산출변수를 제거해 본 결과를 보면, 산출변수인 연간 프로그램 수를 제거하여 효율성을 측정하였는데 여섯 개소의 효율적 복지관 중 4개소 복지관이 비효율적 복지관으로 나타났다. 반면 산출변수인 이용자 수를 제거하여 효율성을 측정하였는데 여섯 개소의 효율적 복지관 중 한 개소 복지관만이 비효율적 복지관으로 나타났다. 즉 산출변수인 이용자 수와 연간 프로그램 수 중 효율성에 더 많은 영향을 미치는 변수는 연간 프로그램 수임을 알 수 있었다. 특히 DMU6 복지관은 효율성 수치가 4.77%로 급감하여 산출변수인 연간 프로그램 수가 DMU6 복지관의 효율성에 큰 영향을 미치고 있는 것으로 나타났다(〈표 4-15〉 참조).

반면, 투입변수를 제거하여 DEA 효율성 수치의 결과를 보면, 투입변수인 자원봉사자 수, 결산액, 종업원 수 대비 사회복지사비율 변수를 각각 제거했을 경우 효율성복지관과 비효율적 복지관과의 특별한 차이를 보이지 않았다. 단지, 투입변수인 후원금을 제거한 경우 효율적 복지관 중 DMU6

복지관이 효율성 수치가 50.78%로 급감하여 비효율적 복지관으로 나타났다. 따라서 DMU6 복지관은 적극적인 후원활동을 통하여 후원금 개선에 노력을 하여야 할 것이다(〈표 4-16〉 참조).

2. 심층면접 결과해석

1) 심층면접의 개요

광주광역시 소재 사회복지관의 비효율의 원인을 파악하기 위하여 DEA의 분석 결과 비효율적 사회복지관인 DMU1, DMU2, DMU3, DMU4, DMU7, DMU8, DNU9, DMU14 복지관 중 편의표집(convenience sampling)을 통하여 면접 조사대상 복지관을 선정하였다.

면접 조사대상 복지관의 선정은 DEA의 분석결과 효율성 수치가 1.00미만인 복지관은 어떠한 이유 때문에 효율적 복지관에 비하여 상대적으로 비효율적인지에 대하여 원인을 밝히기 위하여 비효율적 복지관 8개소 중 4개소를 선정하였다. 선정된 4개의 복지관은 효율성 수치가 상대적으로 낮은 복지관인 DMU2(57.83%), DMU3(42.94%), DMU4(45.90%), DMU8(67.98%)의 복지관이며, 이 사회복지관들의 중간관리자(과·부장)와 심층면접을 하였다.[14]

선정된 복지관은 2004년 5월 3일부터 5월 10일 사이에 심층면접 조사를 실시하였으며 비구조적 면접을 통해 이루어졌다. 비구조적 면접에서는 질문할 대강의 내용을 면접자가 숙지한 상태에서 면접을 이끌어가는 대신,

---

14) DEA의 결과 나타난 광주광역시 소재 복지관 중 비효율복지관 8개소는 인력, 조직 및 재정에 다소 차이는 있지만, 지역의 복지관으로써 운영이나 문제점 등에 대한 인식은 큰 차이를 보이지 않을 것으로 판단된다. 따라서 연구자는 비효율복지관 8개소 중 4개소 복지관을 심층면접하였다.

주어진 질문 내에서 조사대상자가 어느 정도 자유롭게 대답할 수 있도록 하였다. 이는 조사대상자들이 가진 의식을 가능한 한 심도 있게 이끌어내기 위한 유효한 방법이다.

　주요 면접내용은 다음과 같은 내용으로 구성되었다. 먼저, 사회복지관의 물적 구성요소인 재정에 관하여 질문하였다. 수입과 지출현황에 대하여 질문하였고, 구체적인 수입항목과 지출항목에 대하여 심층면접을 하였다. 둘째, 사회복지관의 인적 구성요소인 사회복지사에 관한 질문을 하였다. 사회복지사의 전문성, 교육훈련, 자기계발, 자원봉사자의 전문성에 대하여 심층면접하였다. 셋째, 사회복지관의 평가와 프로그램관리에 대하여 질문하였다. 현재 시행하고 있는 정부기관의 평가의 문제점과 개선점에 대한 질문, 프로그램관리와 앞으로의 향후 복지관의 방향에 대하여 심층면접하였다.

　심층면접의 분석결과를 제시하면서 유사한 응답내용을 하나씩 나열하기보다는 대표적인 사례만을 발췌하여 인용함으로써 불필요한 중복을 피하기로 한다. 이 과정에서 응답내용이 보다 분명하고 정교한 응답사례에 더 많은 비중을 할애하였다. 또한 다른 유형의 응답이나 특이한 응답에 대해서는 세심한 분석을 하고 있다. 인용된 발췌문 중 (　)부분은 면접과정에서 조사자의 질문내용을 담고 있다.

2) 사회복지관의 재정에 관한 인식

　복지관의 재정운영은 정부보조금에 크게 의존하고 있었다. 복지관의 자부담비율 20%는 보조금 형식으로 보전해 주어야 한다는 의견이 대부분이었다. 정부지원금 이외에 후원금에 대한 질문에서는 지정후원금이 많기 때문에 재정운영에는 큰 도움이 되지 않으며, 후원문화가 일반화되지 않고 있고 자원봉사자와 사회복지사들의 적극적인 후원활동이 필요하다고 하였다.

　　(복지관의 재정운영은 어떠합니까?) 복지관 운영을 위한 재정은 충분하지

못합니다. 현재 복지관의 자부담비율 20%는 국가나 지방정부에서 보조금 형식으로 지불되어야 하며, 복지관 운영과 관련된 예산지원이 전적으로 국가나 지방정부에서 보전해 주어야 합니다. 현재 복지관 재정을 보면 정부지원금 비율이 약 50%이어서 정부지원이 전액 이루어지는 시설이나 단종복지관에 비하여 상대적으로 복지관운영에 커다란 걸림돌이 되고 있습니다.(DMU2 복지관) 다만, 복지관이 정부지원금에만 의존하여 법인 부담금을 계속해서 줄여갈 경우 법인부담회피 등 법인설립취지에 반할 수 있기 때문에 정부의 지원금은 계속되면서 법인의 부담금도 확충하여 복지관의 재정에 도움이 될 수 있도록 하여야 합니다.(DMU8 복지관)

　(정부지원금이외의 복지관의 수입은 어떤 것이 있습니까?) 정부지원금 이외에 후원금을 생각해 볼 수 있습니다. (후원활동을 하시는 분들은 많이 계시나요?) 그렇게 많지 않습니다. 후원금은 지정후원금이 대부분이어서 후원금이 증가한다고 해서 복지관의 재정운영에는 도움이 되지 않습니다. 즉 지정후원금은 복지관의 경상비로 사용할 수 없습니다. 후원문화를 일반화시키기 위해서 폭넓은 자원봉사자의 확보와 사회복지사들의 적극적인 후원활동이 필요합니다. 그리고 외부프로그램(사회복지공동모금회, 삼성재단, 아산재단 등)에 적극적으로 제안하여 당첨이 되면 일정한 비용이 지불되어지나, 이 또한 외부프로그램의 비용으로만 사용되어야 하기 때문에 복지관의 재정에서는 도움이 되지 않습니다.(DMU3 복지관)

또한 사회복지 관련 공무원들의 적극적인 유대관계를 통한 인적네트워크형성으로 정보공개와 정보제공을 지적하였으며, 특이한 점은 사회복지전담공무원의 적극적인 예산확보투쟁을 통하여 지역사회복지 예산의 확보가 선행되어야 함을 강조하였다. 그리고 복지서비스의 통합운영관리의 필요성을 지적하였다.

　사회복지 관련 공무원과의 적극적인 유대관계를 통하여 복지현장의 실태와 상황을 인식할 수 있도록 인적 네트워크를 형성하여야 하며, 관의 적극적인 정보공개와 정보제공이 이루어져야 합니다. 그리고 복지관련 공무원들의 적극적인 예산투쟁이 이루어져 예산확보가 선행되어야 합니다. 또한 부처별 복지담당업무가 나누어져 있어서 복지서비스의 통합운영관리가 절실합니다.(DMU4 복지관)

지출에 대한 질문에서는 복지관의 지출 중 인건비가 차지하는 비율이 높기 때문에 인건비를 정부차원에서 공무원수준으로 지급할 수 있도록 적극적인 지원을 요구하였다.

> (지출에서 가장 많은 부분을 차지하고 있는 것은 무엇입니까?) 지출항목 중 사업비와 인건비가 가장 많은 지출을 차지하고 있습니다. 특히 인건비 지출이 차지하는 비중이 많은데, 직원의 인건비는 정부차원에서 공무원수준에서 보전될 수 있도록 적극적으로 지원해 주어야 합니다.(DMU3 복지관)

요컨대, 사회복지관의 재정운영은 정부보조금에 크게 의존하고 있으며, 후원활동을 위한 노력이 미흡하였다. 그리고 지출에 있어서는 인건비가 복지관의 지출항목에 큰 비중을 차지하여 인건비에 대한 정부지원이 필요하다는 것을 알 수 있었다.

3) 사회복지관의 인력에 관한 인식

직원의 자기계발을 위한 교육훈련에 관한 질문에서 사회복지사들의 교육은 대학 및 대학원을 통하여 스스로 자기계발을 하여야 하는 실정이며, 복지관내에서 간헐적인 사례발표 등이 이루어지기는 하지만 지속적이지 못한 것으로 나타났다. 그리고 복지관 직원의 전문성 제고에 대한 필요성은 모든 조사대상자들이 인식하고 있는 것으로 응답하였다.

> (직원의 자기계발을 위한 교육훈련은 어떻게 하고 있습니까?) 현재 직원의 자기계발은 거의 전적으로 직원의 몫입니다. 물론 사회복지협의회 실무자 교육이나 세미나들의 공식적인 참석을 통한 자기계발이 이루어지기는 하지만, 대학이나 대학원 등은 스스로 입학하여 자기계발을 하여야할 형편입니다. 또한 복지관내에서 직원들 간의 사례발표 등을 합니다. 그러나 지속적으로 이루어지지는 않고 있습니다.(DMU8 복지관). 사회복지사는 사회복지의 모든 영역의 전

문성을 갖출 수 없기 때문에 특정분야에 전문성을 갖출 수 있도록 자기계발이
이루어져야 합니다.(DMU2 복지관)

직원의 자기계발을 위한 방법으로는 복지관장의 마인드가 중요함을 지적
하였다. 직원들에 대한 관장의 적극적인 지원은 직원의 사기진작에 영향을
미치며, 관장의 마인드 형성을 위한 최고관리자과정 복지교육전문기관의 필
요성을 역설하였다.

　　(자기계발을 위한 효과적인 방법은 있다면 무엇이라고 생각하십니까?) 복지
　　관의 관장의 적극적이고 개방적인 마인드가 중요합니다. 관장의 복지마인드에
　　의하여 복지관의 풍토와 직원들의 사기가 좌우됩니다. 최고관리자의 교육은 복
　　지전문교육기관에서 이루어져야 하며, 관장의 직원들에 대한 적극적인 자기계
　　발 의지를 심어줄 수 있도록 노력이 선행되어야 합니다.(DMU2 복지관)

요컨대, 사회복지관의 직원의 자기계발의 필요성을 확연하나, 전문성을
갖추기 위하여 직원 스스로의 노력에 의존하고 있는 것으로 나타났다. 특히
복지관장의 마인드 제고를 통한 조직 안에서 자기계발의 풍토조성이 필요함
을 알 수 있었다.

4) 사회복지관의 평가와 프로그램관리에 관한 인식

사회복지관의 평가와 관련하여 복지관의 총 경비 중 50%정도를 보전해
주고 있는 현 상태에서 복지관을 평가한다는 것은 문제가 있다는 지적을 하
였다. 그리고 복지관의 평가가 평가를 위한 평가가 될 수 있으며, 복지관의
자체평가와 정부평가가 병행하여 이루어져야 한다고 응답하였다. 특히 복지
관 자료의 신뢰성에 대한 문제점을 지적하였다.

　　(2000년에 시행된 평가에 대하여 어떻게 생각하십니까?) 현재 시행되고 있

는 복지관의 평가는 3년에 한번씩 이루어지며 2000년에 첫 평가가 시행되었습니다. 첫 평가 시 평가항목선정 시 신뢰성과 타당성 문제, 양적위주의 평가, 평가전문가의 전문성문제, 복지관의 서열화 등 문제점이 발견된바, 신중한 평가가 이루어져야 합니다. 또한 평가받기 위한 형식주의로 인해 문서화, 조작화 경향(평가항목에 맞는 사업계획작성 등)과 평가받기 위한 복지관이 될 우려가 있습니다. 복지관은 자율적으로 운영되어야 하며 정부간섭은 비탄력적으로 운영될 여지가 있으며, 복지관에 지원되는 정부지원비율은 50%정도이면서 복지관 전체를 평가하는 식은 논리에 맞지 않은 처사입니다. 복지관 차원에서 실태조사가 먼저 이루어져야 합니다.(DMU2 복지관) 신뢰할 수 있는 복지자료를 확보하기 위한 적극적인 노력이 선행되어지지 않고는 평가에 의미가 없으며, 차후 복지관 자체평가와 정부기관평가가 함께 이루어져야 합니다. 그리고 복지관에서도 평가에 대한 긍정적인 마인드를 갖고 복지관의 발전의 기회로 삼아야 합니다.(DMU4 복지관)

복지관의 프로그램 개발과 평가에 대해서는 복지관 직원의 전문성 부족을 지적하면서 프로그램 개발의 어려움을 이야기하였다. 또한 프로그램의 평가는 전문적인 프로그램평가 방법을 통한 평가가 이루어져야 함을 지적하였다.

(복지관의 프로그램 개발과 평가는 이루어지고 있습니까?) 복지관의 직원의 전문성이 부족하여 복지관의 프로그램 개발이 어렵습니다. 직원들이 자기계발을 하고는 있지만 프로그램을 직접적으로 개발할 수 있는 전문교육기관이 없고 다양한 프로그램의 개발을 위해서는 적극적인 재정지원이 이루어져야 하는데 이 또한 어려운 점이 많습니다(DMU8 복지관).

프로그램의 평가는 조직자체의 간단한 보고서 정도의 평가만 이루어질 뿐 전문적인 프로그램 평가를 위한 기법을 활용하여 평가가 이루어지지는 않고 있습니다. 이 또한 직원의 전문성 제고가 필요하다고 봅니다.(DMU4 복지관)

복지관의 이용자 수 확보를 위한 질문에서는 적극적인 홍보활동이 이루어지지 않고 있으며, 향후 이용자 수 확보를 위한 적극적인 노력이 필요함을 알 수 있었다. 향후 복지관의 발전방향에 대한 질문에서는 학술적 차원에서의 복지관의 정체성 확립에 대한 논의와 복지관별 특화사업을 통한 복지관의 향후방향이 모색되어야 함을 제시하였다.

> (좀더 많은 이용자 수를 확보하기 위한 특별한 활동을 하고 계십니까?) 이용자 수 확보를 위한 적극적인 홍보활동은 못하고 있는 실정입니다. 현재의 인원과 재정으로서는 현재 사업을 해나가기도 벅차지요.(DMU2 복지관)
> (향후 사회복지관의 어떻게 발전되어야 한다고 생각하십니까?) 향후 복지관의 정체성에 대한 논의가 학술적인 차원에서 이루어져 정체성을 확립하여야 할 것입니다. 뚜렷한 복지관의 방향설정이 되지 않으면 추후 복지관의 복지서비스는 악화될 수밖에 없습니다. 이와 관련하여 복지관별 특화사업(알코올, 자활 등)을 추진하여 복지관의 정체성 형성에 기여하도록 해야 하며, 복지관별로 특화사업은 적극적으로 추진되어야 합니다.(DMU3 복지관).

요컨대, 사회복지관의 프로그램 개발 및 평가는 미흡한 것으로 나타났다. 그 이유는 직원의 전문성과 재정지원 때문이었으며, 또한 이용자 수 확보를 위한 홍보활동도 부족한 것으로 나타났다. 그리고 복지관의 평가에 대한 평가지표의 개발, 양적위주의 평가, 평가전문가의 전문성문제, 복지관의 서열화 등의 문제점을 지적하였다. 또한 복지관의 정체성 확립과 특성화사업을 통한 전문적인 복지관으로 발전하기를 기대하였다.

3. 지역사회복지관 비효율성의 원인

DEA의 결과와 심층면접 결과를 통해서 밝혀진 광주광역시 소재 사회복지관의 비효율의 원인을 규명하면 다음과 같다.

먼저, DEA의 결과 광주광역시 소재 사회복지관은 투입물은 과잉공급되고 산출물은 과소공급되고 있는 것으로 나타났다. 8개의 비효율적 복지관은 산출변수인 연간 프로그램 수와 이용자 수가 과소공급되어 개선을 필요로 함을 알 수 있었다.

　DEA의 결과해석을 통해서 알 수 있듯이 광주광역시 소재 사회복지관의 비효율의 원인은 산출변수인 연간 프로그램의 수와 이용자 수가 상대적으로 효율적 복지관과 비교하여 적게 산출이 되어 비효율의 원인이 발생한 것으로 판단된다. 물론, 비효율 복지관의 투입물을 줄이게 되면 효율성 수치가 높아질 수 있지만, 현재 충분히 공급되고 있는 투입물을 효율적 복지관이 되기 위해서 줄인다는 것은 현실적으로 타당하지 않다고 판단된다.

　다음으로, 심층면접의 결과를 통해 나타난 비효율의 원인은 다음과 같다. 첫째, 사회복지관의 재정이 부족한 것으로 나타났다. 사회복지관의 재정부족은 직원 인건비의 적극적인 보전이 어려우며, 이는 직원의 사기진작, 프로그램 개발 등과 연관되어 복지관의 비효율의 원인이 되고 있다. 또한 부족한 재정운영을 정부보조금에 크게 의존하고 있으며, 사회복지관의 경비 중 인건비 지출이 차지하는 비중이 큼에 따라 후원자개발 등의 적극적인 노력이 요구되고 있다.

　둘째, 사회복지관 직원의 전문성이 부족한 것으로 나타났다. 직원의 전문성 부족은 적극적인 프로그램 개발을 어렵게 하여 연간 프로그램 수의 감소를 가져온다. 이와 같은 직원의 전문성 부족으로 인한 연간 프로그램 수의 감소는 사회복지관의 비효율의 원인이 된다고 할 수 있다.

　셋째, 사회복지관의 이용자 수 확보의 어려움이 비효율의 원인이 된다. 이러한 한정된 이용자는 자원봉사자의 확보, 후원자의 개발, 사회복지관의 재정확충과 밀접한 관계를 가지고 있으며, 사회복지관의 적극적인 이용자 수의 확보를 위한 홍보 등 마케팅 전략이 필요함을 알 수 있었다.

　종합하면, 사회복지관의 비효율의 원인은 재정부족, 프로그램의 부족, 이용자 수의 부족으로 귀결될 수 있다. 즉 재정확충을 위해서는 정부의 지원비를 늘리는 부분과 후원금 등 자체재원의 조달을 생각해 볼 수 있다. 프로그램의 확대를 위해서는 직원의 전문성 제고와 프로그램에 개발에 대한 재정지원이 필요하다. 그리고 이용자 수를 늘리기 위해서는 복지관의 적극적인 홍보 및 마케팅 전략이 필요하다고 할 수 있다.

제2절
지역사회복지관의 효율성 증진방안

DEA의 결과와 심층면접을 종합하면, 광주광역시 소재 사회복지관은 이용자 수와 연간 프로그램 수에 있어서 개선이 필요하다는 것을 알 수 있었다. 따라서 본 내용에서는 광주광역시 소재 사회복지관의 효율성을 증진하기 위하여 이용자 수와 연간 프로그램 수의 증진방안에 대하여 논의하기로 한다.

1. 지역사회복지관의 이용자 수 개선을 위한
   마케팅 전략

먼저, 사회복지관에서 이용자 수와 연간 프로그램 수의 개선을 위해 선행되어야 할 과제가 있다. 그것은 후원자 개발이나 모금활동이다. 즉 사회복지조직에서 지역사회와의 상호작용은 홍보활동과 마케팅을 통해 구체화되고 사회복지기관의 민간자원개발을 위해서는 마케팅 전략이 매우 중요하다. 마케팅은 홍보와 달리 잠재적 클라이언트 혹은 소비자에 대한 직접적인 활동이며, 동시에 서비스 프로그램에 대한 정보를 주요 내용으로 한다. 특히 사회복지기관에서 마케팅은 후원자개발이나 모금활동과 관련하여 적극적으로 그 필요성이 부각되고 있으며, 향후 그 중요성은 확대될 전망이다.

특히 DEA와 심층분석결과에서 나타났듯이 광주광역시 소재 사회복지관의 재정부족은 비효율의 원인으로 판명되었다. 재정확충을 위한 정부지원노력이 필요하지만 자체재원조달을 위한 후원자개발 및 모금활동은 사회복지관에서 개척하여야 할 재원조달방법으로 그 중요성이 부각된다.

따라서 본 연구에서는 사회복지관의 이용자 수와 프로그램개선의 논의에 앞서 사회복지관의 마케팅 전략(후원자개발과 모금활동)에 대하여 논의하고자 한다.

1) 사회복지관의 후원자개발전략

(1) 사회복지관에서 마케팅의 의미

사회복지조직에서 마케팅은 클라이언트들의 욕구를 알아내어 그들의 욕구를 충족시켜 줄 제품을 개발해 내고 조직의 목적을 명시해 줄 의사소통 프로그램을 개발하는 일련의 과정이라고 정의할 수 있다. 즉 조직이 제공할 수 있는 물품을 표적시장의 욕구에 따라 결정하며, 사람들에 알리고 동기를 부여하여 서비스를 제공하기 위해 효과적인 가격결정과 홍보 그리고 유통경로를 사용하는 것에 달려 있다(남일재 외, 2002: 215-217).

클라이언트의 만족을 극대화시키기 위해 사회복지관이 갖추어야 할 기본적인 요소는 다음과 같다. 첫째, 사명의 확인과 구체화이다. 사회복지관은 합리적인 수단을 통하여 특정한 사명을 수행하고자 하는 인간집단이라는 면에서 사명을 가지고 있다. 사회복지관의 사명을 명확히 하는 일은 설립정신에서 찾을 수 있고 조직의 사명이 명확해질수록 그 효과는 증대된다. 따라서 사회복지관은 설립정신을 명확히 하고 구체화하는 일이 선행되어야 할 것이다.

둘째, 표적시장의 선정이다. 사회복지관에서 클라이언트를 세분화하고 표적고객을 선택한다는 것은 마케팅 활동의 필수요소이다. 사회복지관이 마련한 특정서비스를 가장 필요로 하고 이를 적극적으로 활용할 수 있는 클라이언트들을 중심으로 시장세분화를 해야 한다. 시장세분화를 통해 표적시장을 선정하며 클라이언트들이 어디 있는가를 찾아내야 한다.

셋째, 마케팅 혼합(marketing mix)개발이다. 시장성이 확인되고 표적시장이 선택되면 이를 기본으로 하여 마케팅 혼합을 개발한다. 마케팅 혼합이란 표적시장에서 마케팅목표를 달성하기 위해 제품정책, 가격결정, 유통정보, 판매촉진을 통합적으로 결정하는 것이다.

제품정책은 사회복지관이 표적시장에서 반응을 이끌어 낼 수 있는 산출물을 의미하며 조직에서 제공하는 프로그램이며, 욕구를 충족시킬 수 있는 조직의 능력이다. 후원자와 후원동기, 후원자의 관심영역, 후원자의 욕구 등이 상품가치를 극대화시킬 수 있는 핵심사항이다. 모금상품이 결정되면 모금상품을 포장하는 전략이 필요하다. 이러한 전략은 상품을 후원자에게 매력적이고 쉽게 전달할 수 있도록 하는 중요한 과정이다.

가격결정은 사회복지관의 가격은 제공하는 프로그램이나 서비스에 참여하거나 얻기 위해 지불하는 대가를 의미하며, 자원개발을 위해 모금활동에 소요되는 제반 비용을 훨씬 상회하는 선에서 후원금의 규모가 결정된다. 사회복지관에서 서비스 가격은 경합관계에 있는 타 사회복지관의 가격정책, 정부의 규정, 조직의 내규나 정책, 고객의 소득정도 등에 의해 결정된다.

유통경로는 사회복지관에 있어서 고객이 가장 많이 그리고 쉽게 사회복지관을 찾을 수 있도록 하는 것이며, 때로는 적극적으로 클라이언트를 찾아나서거나 고객이 쉽게 접근할 수 있도록 유통경로를 개발해야 한다.

판매촉진은 제품을 소비자들에게 알리고 판매하는 수단인 판매촉진에는 광고, 이벤트, 인적판매 및 PR을 포함한다. 기본적으로 마케팅 홍보활동과 직접적인 관련성을 가진다. 이것은 수혜자와 기부자와의 의사소통 창구를 의미한다.

광주광역시 소재 복지관의 중간관리자의 면접에서 후원금은 부족하다고 응답하였다. 특히 복지관의 후원활동은 지정후원금이 대부분이어서 후원금을 복지관의 운영에 적절하게 사용한다는 것은 어렵다는 대답이었다. 그래서 후원활동의 활성화를 위한 직원의 교육, 자원봉사자와 이용자 수의 적극적인 유치를 통해 후원활동을 하여야 한다는 의견을 제시하였다.

반면, DEA를 통한 상대적 효율성 분석에서는 비효율복지관의 후원금의 Slack 대부분은 양호한 것으로 나타났다. 즉 본 연구에서 선정한 투입·산출변수에 한정하여 본 후원금은 비효율의 원인은 아닌 것으로 나타났다.

요컨대, 사회복지관의 마케팅의 핵심은 후원활동이다. 후원활동은 복지관의 전반적인 구성요소와 활동에 영향을 미친다. 즉 후원활동을 위한 전문적인 직원의 교육이 필요하다. 또한 자원봉사자와 이용자 수를 적극적으로 확보하는 사회복지관이 후원활동의 유리한 위치에 있음은 말할 것도 없다.

따라서 광주광역시 소재 사회복지관은 후원활동에 적극적인 자세를 가질 필요가 있다. 이를 위해서 충분한 자원봉사사수의 확보와 다양한 프로그램의 개발을 통한 이용자 수를 유치하는 것이 무엇보다 중요하다. 그리고 후원활동에 대한 전문교육을 통하여 직원의 긍정적이고 적극적인 마인드를 가질 수 있도록 사회복지관장의 지속적인 지원과 관심이 필요하다 할 것이다.

(2) 사회복지관에서의 마케팅 전략 활성화 방안

사회복지서비스의 활용을 증진하는 방법의 하나는 서비스 프로그램과 그 자격요건들을 그 지역사회에 널리 알리는 것이다. 서비스 제공자의 입장에서 명백한 것처럼 보이지만 이용자들의 입장에서는 프로그램의 존재 사실을 인지하는 것은 쉽지 않다(남일재 외, 2002: 228-231).

먼저, 사회복지관의 패러다임의 전환이 시급히 요구되고 있다. 사회복지관에서도 경쟁이 필요하다는 인식의 전환이 필요하다. 기업이나 일반 후원자가 사회복지관을 비교 선택해서 후원할 때 그 근거가 되는 것은 후원자에게 사회복지관이 얼마나 홍보를 했느냐에 달려 있다. 사회복지기관의 직원이 후원활동을 위해서 세일즈맨으로 나서야 할 것이며, 세일즈맨으로 나서는 모든 직원들은 후원자개발에 대한 적극적인 영입전략이 있어야 할 것이다.

그리고 라디오나 TV 등 영향력 있는 대중매체를 이용하는 홍보방법과 스포츠 마케팅을 활용하는 방법 등을 생각해 볼 수 있다. 특히 스포츠 마케팅 활용방법은 사회적으로 영향력 있는 스타나 인사들을 이용하여 사회복지관과 연계하여 마케팅을 벌이는 작업을 적극적으로 모색해야 할 것이다.

둘째, 교육훈련을 통한 복지기관의 사회복지관 직원의 자기계발이 필요하다. 교육의 내용은 기금요청의 기법이나 거절에 대처하는 방법뿐만 아니라 기관의 비전과 목표, 기관이 그동안 해결한 문제와 앞으로 들어올 기금을 가지고 충족시키고자 하는 사람들의 욕구 등에 대한 설명을 해주어야 한다. 때에 따라서 타 기관의 성공사례를 활용하는 것도 필요하다.

셋째, 찾아가는 서비스와 기관의 이미지 창출을 통한 활성화 방안을 생각해 볼 수 있다. 기업이나 후원자가 필요로 하는 것이 무엇인지를 미리 파악하여 서비스를 제공하거나 자원이 있는 곳을 직접 찾아가 기관을 소개하고 협조를 구한다면 상당한 효과를 얻을 수 있다.

그리고 사회복지관에서 조직의 강하고 긍정적인 이미지를 창출하는 것은 후원자의 모집, 클라이언트 확보, 지역사회의 광범위한 지지 등을 얻는 데 매우 중요한 마케팅 전략이다. 자원봉사자, 이용자, 지역주민 모두가 사회복지관으로 인해 자부심을 가질 수 있도록 해주는 것이 이미지 창출을 위한 최선의 전략이다.

21세기는 비영리조직이 인류를 이끌어 나갈 것으로 전망되는데, 비영리조직의 지도자들도 이러한 준비가 필요하다고 여겨진다. 이를 위해 사회복지관의 관리자들도 마케팅 마인드를 가지고 보다 훌륭한 행정적 지도력을 발휘하기 위해 끊임없이 노력하여야 할 것이다.

2) 사회복지관의 이용자 수 개선을 위한 마케팅 전략

사회복지관의 재정지원이 원활하게 이루어지고, 다양한 프로그램 개발이 선행되었다면, 다음으로, 사회복지관의 이용자들이 사회복지관의 프로그램을 이용할 수 있도록 적극적인 홍보와 마케팅 전략이 필요하다.

사회복지관의 이용자 수 개선을 위한 마케팅 전략에 대하여 마케팅 활동의 과정을 중심으로 살펴보고자 한다. 마케팅 활동의 과정은 다섯 단계로 나누어 진행할 수 있다. 다섯 단계는 자원개발가능성의 분석단계, 시장조사단계, 마케팅목표의 설정단계, 시장세분화와 표적시장의 선정단계, 마케팅의 실행단계이다.

첫째, 자원개발가능성의 분석단계이다. 사회복지관의 다양한 프로그램을 통하여 적극적인 이용자 수의 유치를 위하여 선행되어야 할 단계이다. 즉 현재 직면하고 있는 사회복지관의 환경적 요인을 먼저 검토할 필요가 있다. 환경적 요인은 사회제도적 환경과 조직내부환경으로 구분할 수 있다. 사회제도적 환경은 이용자 수 확보를 위한 각종 재정지원과 관련된 각종 법규, 정부정책, 경제상황, 후원금 등에 관한 내용이 검토되어야 한다. 조직내부환경은 조직의 경쟁력과 조직 내 자원의 분석을 통하여 이용자 수 확보를 위하여 효율적으로 조직이 활동할 수 있을 것인지를 고려하여야 한다.

이러한 환경적 요인을 분석하기 위하여 SWOT(strength, weakness, opportunity, threat) 분석을 통하여 체계적으로 파악할 필요가 있다. 즉 현재 사회복지관의 강점과 약점, 기회와 위협요인을 면밀히 점검하는 일이다. 또한 보다 정확한 예측을 위하여 경험을 바탕으로 한 과거 실적들에 대한 정보 분석이 선행되어야 할 것이다.

광주광역시 소재 복지관은 자원봉사자 수가 증가하고 있으며, 광주권에 전문인력양성기관 확대로 전문사회복지사가 증가하고 있다는 점은 강점이다. 그러나 전문인력의 전문성이 부족하고, 전문인 양성기관으로서 대학의 학교 교육의 형식성 등은 약점이라고 할 수 있다. 그리고 앞으로 사회복지에서 민간의 역할이 증대되고 국가차원에서도 복지행정에 많은 관심을 두고 있다는 점은 기회의 요인으로 작용할 수 있으나, 복지관의 재정부족, 전문인력의 사회복지관 근무의 기피 등은 위협요인이다.

둘째, 시장조사 단계이다. 사회복지관은 특정주민이나 일반주민을 상대로 다음과 같은 최소한의 시장에 관한 내용을 파악하여야 한다. 먼저, 개발된 프로그램에 대한 욕구가 있는가? 다음으로는, 클라이언트들이 개발된 프로그램에 대한 관심과 잠재적 욕구가 있는가? 그리고 프로그램을 이용하기 위하여 적당한 비용을 지불할 능력이 있는가? 끝으로, 비용을 지불할 능력이 있는 클라이언트들이 원하는 프로그램을 충분히 이용하고자 하는 의지가 있는가? 에 대하여 검토가 필요하다.

광주광역시는 매년 1회에 걸쳐 주민욕구조사를 실시하고 있다. 광주광역시에서 실시하는 주민욕구조사는 행정전반에 관한 욕구조사이다. 이와 더불어 광주광역시 주민의 사회복지 욕구조사를 예외로 실시하여야 한다. 물론 사회복지관별로 지역주민을 위한 욕구조사를 한다면 더할 나위없지만 현실적으로 재정과 인력이 부족하므로 광주광역시 차원에서 사회복지 주민욕구조사를 매년 실시하여 주민의 복지 욕구를 파악하는 것이 중요하다.

셋째, 마케팅 목표의 설정단계이다. 다양한 프로그램은 프로그램의 목표를 가지고 있으며, 프로그램의 목표는 사회복지관의 목표와 일관성을 가지고 있어야 한다. 목표의 설정은 정확한 문제의 진술, 표적집단의 성격과 규모, 사회복지관의 정책, 자원동원 등의 변수들에 의해 범위와 방향이 정해진다.

목표는 단기목표와 장기목표로 나누어 설정될 수 있다. 또한 상위목표와 하위목표를 설정하여 상위목표는 장기적으로 달성될 수 있는 목표로, 하위목표는 단기적으로 달성될 수 있는 목표를 선정하여야 한다. 특히 단기목표는 추상적이면 안 되고 구체적인 것이며, 측정가능하고 현실 가능한 목표이어야 한다.

넷째, 시장세분화와 표적시장의 선정 단계이다. 시장의 세분화는 기본적으로 클라이언트들의 욕구가 동일하지 않다는 가정에서 출발한다. 즉 클라이언트들은 각자 다양한 욕구와 기호를 가지고 있으며, 이러한 상이한 욕구를 충족시키기 위해서는 다양한 프로그램의 개발이 선행되어야 함을 알 수 있다. 시장세분화 작업은 그 지역 내의 소득, 직업, 나이, 종교, 성 등을 고려하여 클라이언트의 모집의 차이를 고려하여야 한다. 또한 개발된 프로그램에 대해서는 표적시장을 선정하여 집중적인 홍보활동을 하여야 한다.

광주광역시 소재 사회복지관은 다양한 프로그램을 개발하여 클라이언트들에게 서비스를 제공하여야 하지만 실질적으로는 폭넓은 프로그램의 개발이 미흡한 실정이다(DEA 결과해석 참조). 따라서 사회복지관별로 기본 사업을 수행하면서 복지관만의 특성화사업을 추진하여 전문성을 갖추어 특정집단이 복지관을 이용할 수 있도록 특정표적시장을 선정할 수 있는 특성화사업의 육성도 생각해 볼 수 있다.

다섯째, 마케팅 실행단계이다. 시장세분화와 표적시장이 선정되면 클라이언트의 적극적인 유치를 위하여 DM발송, 전화이용, 직접설득, 이벤트를 통한 개발, 인터넷 홍보, 대중매체, ARS 등의 방법을 강구하여야 한다.

DM발송은 시기를 잘 선택해서 자료를 많이 확보하여 클라이언트에게 DM을 발송한다. 이 방법은 비용이 가장 적게 들고 우리가 필요로 하는 내용들을 자세히 알릴 수 있다. 전화를 이용하는 방법은 텔레마케팅을 하기 전에 필수조건인 꼭 멘트를 작성하고 숙지하여야 하고 충분한 훈련과 예의를 갖춘 사람이 해야 한다. 직접설득방법은 지역에 있는 학교나 교회, 회사에 직접 찾아가 클라이언트들을 만나는 방법이다. 이벤트를 통한 개발은 복지관에서 다양한 이벤트를 개최하여 클라이언트들의 관심을 촉진하는 방법이다. 인터넷을 이용한 이메일을 통한 일대일 메일 발송을 통한 방법이나 TV 등 대중매체를 이용한 방법도 생각해 볼 수 있다.

2. 지역사회복지관의 프로그램 개발전략

사회복지관의 적극적인 마케팅 전략으로 후원자 개발과 모금활동이 이루어지면 다음으로 사회복지관의 프로그램을 개발하여야 한다. DEA결과가 보면 비효율복지관 중 DMU3 복지관과 DMU4 복지관은 잠재적 개선정도가 132.9%, 117.8%임을 알 수 있듯이 복지관의 프로그램의 개발이 절실

함을 보여주고 있다(〈표 4-8〉, 〈표4-9〉 참조).

사회복지관에서 프로그램 내용에 관심을 갖게 된 것은 최근의 일이다. 프로그램의 내용을 전문화하고 클라이언트의 욕구에 충실한 프로그램의 설계와 효율적인 관리만이 사회복지관의 질적 향상을 도모할 수 있다.

프로그램이란 '특정목표를 성취하기 위한 활동들의 집합'이다. 사회복지관의 프로그램은 사회의 구성원들에 대한 원조를 제공함으로써 사회의 욕구를 충족시킴과 동시에 사회복지사들에게는 성취감과 만족감을 주는 수단이 되기도 한다(정무성, 1998: 122).

프로그램을 통해서 클라이언트에게 최상의 전문서비스가 제공되도록 하는 것이 사회복지관의 목표임에도 불구하고 그동안 프로그램의 개발에 소홀했던 몇 가지 불가피한 상황은 다음과 같다. 먼저, 사회복지기관의 전문인력의 부족을 들 수 있다. 사회복지사들은 과도한 업무 부담 때문에 새로운 프로그램의 개발에 노력할 여력이 없었다.

둘째, 클라이언트보다 다른 영향력 있는 사람들에게 신경을 써야 하는 경우가 많아 상대적으로 클라이언트를 위한 프로그램 개발에 소홀히 하는 경우가 크다. 즉 보조금을 지급하는 정부기관이나 후원금을 제공하는 후원자 혹은 기업재단 등의 요구에 맞추어야 하기 때문에 클라이언트의 욕구를 충실히 반영하지 못하는 경우이다.

셋째, 기술적인 측면으로 효과적인 프로그램의 기획이나 평가에 관한 기술이 발달하지 못한 것이 한 원인이다. 클라이언트의 삶의 질 향상이 사회복지프로그램에 의해 이루어진 것인지를 객관적으로 평가가 이루어지지 않았기 때문에 사회복지사들은 효과적인 프로그램 개발을 위한 노력을 소홀히 하였다. 그리하여 프로그램의 질적 수준이나 내용보다는 외적인 조건들 즉 프로그램의 수, 프로그램의 참여자, 프로그램을 위한 자원개발 등에 보다 많은 노력을 기울여 왔다.

사회복지관의 프로그램은 클라이언트가 잠재력이 있고, 시간이 지남에 따라 성장과 변화를 성취할 수 있다는 사회복지의 핵심 가치에 입각해서 설계되어야 한다. 이러한 관점에서 프로그램에 참여하는 모든 개인은 가치와 존엄성이 있으며, 다른 사람과의 관계 속에서 프로그램을 통해 학습되고 개발될 수 있는 능력이 있음을 기본 전제로 하여야 한다. 특히 참여자의 욕구, 관심, 장점을 프로그램에 어떻게 연결시킬 것인가에 대한 구체적인 계획이 있어야 한다.

프로그램의 과정은 투입, 전환, 산출, 성과로 구성된다.

첫째, 투입은 클라이언트나 서비스 지원과 관련된 자원으로써 클라이언트, 스텝, 물적 자원 등을 생각해 볼 수 있다. 클라이언트는 나이, 주거상황, 수입 등의 자격과 성, 수입, 교육, 종교 등의 인구적 사항, 위탁, 학대 등의 사회적 내력인 서비스 수혜내력, 문제의 유형과 심각도 등을 고려하여야 한다. 스텝은 성, 인종, 교육수준, 경력 등의 인구적 상황과 면허증, 수료증, 학위 등의 자격증을 생각해 볼 수 있다. 물적 자원은 클라이언트에게 직접 제공되는 음식, 의복, 장난감과 같은 물품과 클라이언트의 치료실 등의 시설, 교통수단, 컴퓨터 등의 장비 등을 고려하여야 한다.

투입단계에서는 어떤 클라이언트가 이득을 보는가? 기대되는 서비스를 제공하기 위해 어떤 스텝들이 고용될 것인가? 필요한 자원, 장비, 시설은 무엇인가? 등이 고려되어야 한다.

둘째, 전환은 개입방법과 관련된 내용으로 상담, 직업훈련, 치료제공, 보호소제공, 음식물제공, 정보제공과 의뢰 등의 변수를 고려하여야 한다. 이러한 전환의 개입변수에 대한 정의, 업무내용, 개입방법에 대한 세심한 배려가 있어야 한다.

전환단계에서는 프로그램 기획에서 정의한 클라이언트와 그 문제에 적합한 서비스 종류, 그 서비스의 업무내용 및 개입방법은 무엇인가?가 고려되어야 한다.

셋째, 산출은 서비스의 종료와 관련된 내용으로, 서비스의 완료에 관한 내용이다. 산출단계에서는 기대하는 결과를 얻기 위한 최소한의 서비스의 양과 질에 대하여 고려되어야 한다.

넷째, 성과는 변화내용과 관련된 사항으로 프로그램에 처음부터 끝까지

참가한 클라이언트가 획득한 삶의 변화, 그 변화는 양과 질로 측정할 수 있어야 한다. 즉 성과는 프로그램의 평가와 관련된다.

성과단계에서는 기대하는 결과는 무엇인가? 프로그램의 한계상 어쩔 수 없이 얻게 되는 결과는 무엇인가?가 고려되어야 한다.

요컨대 프로그램 개발과정에서는 프로그램 관여자들이 받아들일 수 있는 가치가 반영되어야 한다. 다음으로, 프로그램을 실행할 만한 정치적 승인과 경제적 자원을 동원할 수 있는지에 대한 실현가능성이 반영되어야 한다. 또한 프로그램의 주관기관이나 조직이 제안되는 프로그램을 진행할 만한 준비가 되어 있는지에 대한 준비성이 고려되어야 한다. 마지막으로, 프로그램이 객관적 사실에 근거하여 준비되고 있는지에 대한 합리성이 고려되어야 한다.

사회복지관의 프로그램 개발전략을 제시하면 다음과 같다.

첫째, 프로그램 개발의 전문능력을 갖추는 것이 중요하다. 프로그램 개발을 하기 위해서는 개발자들이 프로그램과 관련된 지식, 현장에서의 풍부한 실천 경험 및 기관의 문화적인 요소 등에 대한 경험 등이 프로그램 개발의 성공여부를 결정짓는 중요한 요소이다.

현장에서 프로그램 개발활동의 실질적인 질을 엄밀하게 평가할 때의 문제 중 심각한 것은 사회복지관에서 프로그램 개발은 주로 나이가 어리고 기관의 근무경험이 부족한 초임직원들이 개발을 맡고 있다는 것이다(서인해, 2003: 267). 이제 막 채용된 어린 직원들이 프로그램 개발을 주로 담당하고 있다는 사실은 프로그램 개발과정의 질적인 측면에서 매우 심각한 문제가 아닐 수 없다. 따라서 프로그램 개발자들의 교육훈련을 통하여 전문지식을 습득하는 것이 무엇보다도 중요하다.

광주광역시 소재 사회복지관의 중간관리자의 심층면접에 의하면, 사회복지사의 자기개발을 위하여 대학, 대학원과정에서 교육하거나, 세미나, 워크숍 등 공식적 교육프로그램을 통해서 획득하는 개발지식보다는 직장에서의 업무수행과정, 개인적인 공부와 같은 방법 등 비공식적 훈련을 통한 지식습득 비중이 높다는 사실은 그만큼 대학교의 프로그램 개발과 관련된 과목들이나 교육과정들이 충분한 역할을 못하고 있다는 것을 암시하는 것이다.

요컨대, 광주광역시 소재 복지관의 프로그램의 전문성 향상을 위하여 대학이나 대학원과정, 세미나 등의 전문적 프로그램 개발을 위한 전문프로그램 개발과정 등의 교과과정의 개설을 통해서 예비 사회복지사의 프로그램 개발능력의 향상에 적극 기여하여야 할 것이다. 이는 대학 등 전문사회복지사 양성기관의 프로그램 개발에 관한 전문지식 교수의 초빙 등을 통해 전문 강좌의 개설이 필요하다.

둘째, 프로그램 개발자의 업무의 자율성을 적극 보장해 주어야 한다. 사회복지관에서 프로그램 개발에 필요한 정보수집을 활발하게 하기 위해서는 프로그램 개발 담당자들의 업무의 자율성을 보다 적극적으로 보장해 줄 필요성이 있다. 업무의 부담감은 정보수집활동에 중요하게 영향을 미친다. 프로그램 개발자들이 업무의 부담감이 있을 때에는 비공식적이고 자발적인 정보수집이 이루어질 수 없다. 따라서 프로그램 개발자의 업무부담감의 경감을 통하여 보다 적극적이고 자율성이 보장되어 프로그램 개발에 집중할 수 있는 조직문화를 정착하는 것이 무엇보다도 중요하다.

셋째, 프로그램의 평가를 통하여 적극적인 피드백을 들 수 있다. 프로그램 평가는 총괄평가와 형성평가로 나눌 수 있다. 총괄평가는 프로그램 투입에 대한 총체적인 판단을 내리기 위하여 행해지는 평가이다. 그 결과를 근거로 프로그램을 계속 유지할 것인지 혹은 축소, 중단, 확대할 것인지 등에 대한 판단을 내리게 된다. 한편 형성평가는 프로그램의 원활하고 성공적인 수행을 위해서 문제점을 찾아내어 수정, 보완할 목적으로 실시되는 평가이다. 그리고 프로그램의 평가는 프로그램의 만족도에 대한 수혜자뿐만 아니라, 가족, 고용주의 만족도까지 평가대상에 포함되어야 한다.

따라서 광주광역시 소재 복지관은 프로그램평가를 통한 피드백을 위하여 평가를 위한 소모임이나 세미나를 연례적으로 개최하여 적극적인 피드백을 통하여 프로그램의 개발에 도움이 될 수 있도록 하여야 할 것이다.

프로그램은 투입단계에서 전환, 산출, 성과단계에 이르기까지 전반적인

총괄평가를 수행하는 것을 원칙으로 하고, 형성평가를 통해 문제점을 찾아
내어야 한다. 평가는 일정한 시기 즉 년 2회 정도 평가를 할 수 있도록 정
착되어야 한다. 평가 방법은 자체평가를 통하여 성숙된 평가문화를 정착하
며, 평가를 통한 자체 토론과 워크샵 등을 통하여 피드백에 온 힘을 기울여
야 한다. 이를 위해서는 사회복지관장의 평가에 대한 마인드형성과 적극적
인 지원이 동반되어야 할 것이다.

제 6 장

결 론

제 6 장
결   론

제1절
요약 및 결론

　본 연구는 광주광역시 소재 사회복지관의 효율성을 측정하기 위하여 기존의 효율성 측정방법의 한계를 극복하고자 비모수적 분석기법인 DEA를 이용하여 사회복지관의 상대적 효율성을 측정하였다. 또한 분석결과를 통하여 비효율적 사회복지관의 원인을 규명하고 광주광역시 사회복지관의 효율성 증진방안을 제시하고 있다. 본 연구의 결과를 요약하면 다음과 같다.

　첫째, 문헌연구를 통하여 효율성과 측정방법에 대하여 논의하였으며, 효율성 접근방법으로써 DEA를 이용한 선행연구를 검토하였다. 그리고 지역사회복지관의 효율성 측정사례와 사회복지관에서의 DEA의 적용의 의미를 살펴보았다. 또한 지역사회복지관의 개관에서는 지역사회복지의 의미와 지역사회복지관의 의의와 운영 그리고 지역사회복지관의 현황 분석을 제시하였다.

둘째, DEA를 이용하여 지역사회복지관의 효율성을 측정하였다. 광주광역시 소재 19개 복지관 중 14개 복지관에서 투입·산출변수의 자료를 수집하였으며, 투입변수는 결산액, 종사자 수 대비 사회복지사 비율, 자원봉사자 수, 후원금을 선정하고, 산출변수로는 연간 프로그램 수와 이용자 수를 선정하였다.

DEA에 의한 상대적 효율성을 측정 결과는 다음과 같다.

먼저, 광주광역시 소재 사회복지관 중 비효율적 복지관은 8개소로, DMU1, DMU2, DMU3, DMU4, DMU7, DMU8, DMU9, DMU14 복지관이었다. 효율적 복지관은 6개소로, DMU5, DMU6, DMU10, DMU11, DMU12, DMU13 복지관이었다.

비효율적 복지관의 분석결과를 논의하면, 비효율적 복지관은 산출변수인 연간 프로그램 수와 이용자 수가 상대적 준거집단에 비하여 과소공급됨을 알 수 있었다. 특히 연간 프로그램 수의 경우 DMU2, DMU3복지관은 실제관찰치에 비하여 상대적으로 100%이상이 공급되어야 효율성 수치가 1.00이 됨으로 나타났다.

그리고 이용자 수의 경우 DMU3, DMU4, DMU9 복지관은 실제관찰치에 비하여 상대적으로 200%이상의 공급이 이루어져야 준거집단과 같은 효율적복지관으로 됨을 알 수 있었다. 즉 광주광역시 소재 복지관은 이용자 수와 연간 프로그램 수에 적극적인 개선을 위한 노력이 필요함을 알 수 있었다.

셋째, 비효율적 복지관 4개소를 선정하여 복지관의 비효율의 원인을 규명하기 위하여 복지관의 중간관리자를 심층면접하였다. 심층면접은 물적 구성요소인 재정, 인적구성요소인 인력, 사회복지관의 평가, 프로그램 개발에 대하여 면접을 하였다.

먼저, 재정부문에서는 재정의 어려움을 논의하면서 자부담비율 20%를 보조금으로 지급해 줄 것과 후원문화의 정착이 시급함 그리고 공무원의 적극적인 예산투쟁 등을 지적하였다. 인적부문에서는 직원들의 자기계발의 필요성, 복지관장의 개방적인 마인드, 직원의 전문성 제고 등을 지적하였다.

다음으로, 이용자 수와 프로그램 개발과 관련해서는 적극적인 홍보활동의 필요성과 프로그램 개발을 위한 전문성확보, 사회복지관의 특화사업의 추진 등을 지적하였다. 그리고 평가의 신뢰성확보문제와 사회복지관의 정체성확립부분도 함께 지적하였다.

넷째, 광주광역시 소재 사회복지관의 효율성을 증진방안에 대하여 논의하였다. 효율성 증진방안은 DEA를 통하여 개선이 필요한 이용자 수와 프로그램을 중심으로 논의하였다. 이용자 수와 프로그램의 개선을 위해 선행되어야 할 과제는 재정확보이며, 적극적인 재정확보는 정부지원금확보와 후원자개발로 귀결될 수 있다.

본 연구에서는 지역사회복지관의 재정확보 중 후원자 개발을 위한 마케팅 차원의 접근을 제시하였다. 사회복지관의 마케팅의 핵심인 후원자 개발을 위한 사명의 확인과 구체화, 표적시장의 선정, 마케팅혼합개발을 제시하였다. 그리고 사회복지관에서의 마케팅 전략활성화 방안으로 사회복지관의 패러다임의 전환, 교육훈련을 통한 직원의 자기계발, 찾아가는 서비스를 논의하였다.

먼저, 사회복지관의 이용자 수 개선을 위한 마케팅 전략을 살펴보면, 사회복지관의 내부환경과 외부환경을 분석하여야 한다. 외부환경 분석에서는 재정지원과 관련된 법규, 정부정책, 경제상황, 후원금이 검토되어야 하며, 내부환경 분석에서는 조직의 경쟁력과 조직 내의 자원분석이 선행되어야 한다. 환경분석을 통하여 다양한 프로그램을 개발하고 이용자 수 유치를 위하여 적극적으로 행동하여야 한다.

또한 시장조사단계에서는 프로그램에 대한 요구, 비용지불가능성, 비용지불의지 등 충분한 시장조사를 통하여 최소한의 시장 분석이 이루어져야 한다. 그리고 마케팅목표를 설정하여 사회복지관의 목표와 일관성 있게 추진할 수 있도록 하여야 한다. 특히 시장세분화와 표적시장의 선정을 통하여 지역 내 소득, 직업, 나이, 종교, 성 등을 고려한 이용자들의 세분화 작업과 개발된 프로그램의 집중적인 홍보활동인 표적시장을 선정하는 일은 이용자 수를 증가시키는 데 반드시 필요한 활동이다.

그리고 마케팅 실행단계에서는 DM방송, 전화이용, 직접설득, 이벤트, 인터넷, 대중매체, ARS 등 다양한 방법을 강구하여 적극적인 홍보활동을 해 나가야 할 것이다.

다음으로, 사회복지관의 프로그램의 개발전략을 살펴보면, 프로그램 개발을 위한 전문능력을 갖출 수 있도록 직원의 교육훈련을 적극적으로 모색하여야 한다. 대학, 대학원, 세미나 등 전문프로그램 개발을 위한 개발과정과 교과과정개설이 필요하며, 전문사회복지사 양성기관의 프로그램 개발에 관한 전문지식 교수 초빙을 통한 전문강좌의 개설이 필요하다.

그리고 프로그램 개발자의 업무의 자율성을 보장해 주어야 한다. 프로그램 개발자의 업무부담감의 경감을 통하여 보다 적극적이고 자율성이 보장되어 프로그램 개발에 집중할 수 있는 조직문화의 정착이 무엇보다도 중요하다.

또한 프로그램의 평가를 통하여 적극적인 피드백이 이루어져야 한다. 프로그램의 만족도는 수혜자, 가족, 고용주 등 평가대상을 확대하여야 하며, 연 2회 정도의 평가를 정착시켜야 한다. 그리고 자체평가 등을 통하여 성숙된 평가문화와 복지관장의 평가에 대한 마인드형성 등이 정착될 수 있도록 힘을 기울여야 할 것이다.

1990년대 후반기, 특히 1997년 발생한 IMF 체제 이후 산업화 이후에 경험하지 못한 경제위기와 대량실업, 빈곤의 문제에 직면하여 각종 사회복지 대책이 강구되어 사회복지서비스 전달의 중요성이 한층 부각되었다. 또한 지방자치제의 실시에 따라 획일화된 중앙통제가 아닌 지역위주 복지사업으로서의 방향전환이 이루어지고 있고, 정부 또는 서비스 공급자 위주의 관료적이고 경직된 전달체계에서 복지서비스 분야의 소비자 중심의 증대에 따라 전문적인 서비스 전달에 있어서 심각한 도전을 받게 될 전망이다. 이것은 효과적이고 효율적인 서비스로의 개선과 서비스를 이용하게 될 클라이언트 욕구에 민감하게 반응하여야 할 필요성을 의미한다.

우리나라의 경우 현재 사회복지관은 특정 수혜자를 대상으로 서비스를 제공하고 있는 실정이나 앞으로 일반 시민들이 사회복지관을 통하여 사회복지서비스를 누구나 보편적으로 받을 수 있도록 사회복지관의 기능과 역할을 재정립할 필요가 있다. 특히 전문적인 자원봉사자의 양성, 다양한 프로그램의 개발, 적극적인 후원활동, 사회복지사의 인원확충, 정부지원의 확대 등 다각적인 노력이 필요하다. 따라서 사회복지관이 지역의 종합복지센터로서 그 기능을 수행하기 위하여 복지관, 주민, 정부가 함께하는 통합프로그램을 만들어가야 할 것이다.

제2절
연구의 시사점

전통적인 효율성 측정방법(함수적 접근법, 생산적 접근법, 비율접근법)은 공공부문이나 서비스 부문에서 정확한 비용함수 도출이나 투입·산출변수의 객관적 규명이 어려운 점, 투입·산출물을 동시에 고려하여 효율성을 측정하기 어려운 점, 어느 부문에 어느 정도의 비효율성이 있는지 정확히 자료를 제공할 수 없다는 점 등이 한계이다.

본 연구에서는 이와 같은 효율성 측정의 한계를 극복하기 위하여 효율성 분석에 대한 가정 및 제약조건이 거의 없고 다수의 투입물과 다수의 산출물을 가진 사회복지관에 대한 효율성 분석기법으로 비모수적 분석기법 중 하나인 DEA를 소개하고 있다. 본 연구의 효율성 측정방법인 DEA는 추후

사회복지기관의 상대적 효율성을 측정하고 준거집단 사회복지관을 벤치마킹
하며, 의사결정 및 경영전략 수립에 유용한 방법으로 대두될 수 있다는 것
이 본 연구의 첫 번째 연구의 의의라 할 수 있다.

　그리고 비영리기관인 사회복지관은 경영관리 기법인 마케팅이론을 도입하
여 사회복지관의 마케팅차원의 전략을 제시하고 있다. 21세기 패러다임의
전환은 사회복지관의 적극적인 세일즈 정신을 요구하고 있다. 사회복지관의
적극적인 후원자 개발과 모금활동, 이용자들의 유치, 프로그램의 개발 및
평가 등에 영리부문의 상업적 마케팅 기법을 도입하여야 한다. 사회복지관
이 조직발전에 기여하고 지역사회개발에 한 일원으로써 그 중요역할을 담당
할 수 있도록 마케팅 기법을 사회복지관에 제시하고 있다는 점은 본 연구의
두 번째 의의라 할 수 있다.

제3절
연구의 한계와 향후 연구방향

1. 연구의 한계

　본 연구의 한계는 다음과 같다.
　첫째, 본 연구의 대상은 광주광역시 19개 사회복지관이다. 광주광역시 사
회복지관을 중심으로 하여 우리나라 전체 사회복지관의 실태를 파악하는 데
는 한계가 있다. 즉 본 연구의 범위는 광주광역시 소재 19개 복지관 중 14
개 복지관을 대상으로 효율성을 측정하고 있다. 따라서 본 연구의 결과는
광주광역시 소재 복지관만을 연구대상으로 하고 있기 때문에 타 광역시소재

복지관 또는 시·군 소재 복지관에까지 본 연구의 방법 및 결과를 적용한다는 것은 한계가 있다.

둘째, 지역사회복지관의 자료의 신뢰성과 타당성에서 문제점을 지적할 수 있다. 지역사회복지관의 정형화된 회계방식이나 관리운영과 관계된 문서화가 되어있지 않아 개별 복지관별로 독자적으로 운영되는바, 복지관의 자료에 대한 신뢰성은 측정의 어려움이 있다.

셋째, 분석방법의 한계점을 보면, DEA를 통한 효율성 측정은 투입에 대한 산출을 의미함으로 투입요소 및 산출량 중 어떠한 변수들을 선택할 것인가는 실제측정에 앞서 신중히 검토되어야 한다. 논리적 접근을 통한 투입·산출변수의 측정에 앞서 문헌적 연구와 평가대상의 자체 효율성 평가 시 투입·산출변수를 어떻게 생각하고 있는지 탐색해 보는 것이 중요하다. 즉 투입산출 요소가 많고 명확하지 않은 경우에는 이론적·선험적인 방법을 포함한 여타의 다양한 방식들을 통하여 핵심적인 투입·산출 요소를 선정해야 한다.

본 연구에서는 연구대상이 사회복지관으로 DEA를 활용하여 사회복지관에 대한 효율성 측정연구는 거의 없는 상태이다. 따라서 연구의 투입·산출변수를 선정하는 데 한계가 있다. 즉 연구의 투입·산출변수는 DEA를 활용하여 타 기관의 연구사례를 충분한 논의를 하였으나, 사회복지관의 투입·산출변수를 선정하는 데 어려움이 있었던 것을 밝혀둔다. 그리고 DEA에 의한 상대적 효율성 분석은 사회복지관 간의 상대적 측정이다. 따라서 만약 모든 사회복지관이 효율적이라면 비효율성의 정도를 밝힐 수 없음을 밝혀둔다.

2. 향후 연구방향

먼저, 연구의 주된 방법인 DEA에 대한 향후연구방향을 제시하면 다음과 같다. DEA는 준거집단에 대한 상대적 효율성을 측정하는 분석기법이다. 따라서 준거집단에 대한 분석이 강화되어야 하며, 이와 관련하여 벤치마킹 대상 조직을 규명하기 위한 방법론들을 활용해야 한다. 또한 효율성 변화를 추적하고 변화의 요인을 분석하기 위한 시계열적 관점이 강화되어야 한다. 마지막으로 DEA 사후분석을 적절하게 수행하기 위해서는 사후분석 수단의 선정에 대해 주의를 기울여 연구를 하여야 할 것이다.

다음으로, 사회복지관 효율성에 관한 향후방향을 제시하면 다음과 같다. 향후 사회복지관의 효율성 측정 및 평가는 장·단기관점에서 그 방향을 생각해 볼 수 있다. 단기적 차원에서는 사회복지관의 효율성을 평가하기 위한 평가전담기구의 설립을 통하여 표준 매뉴얼을 만드는 연구가 선행되어야 할 것이다. 이러한 연구를 위하여 측정의 전문화와 예산확보 등의 노력이 경주된다. 그리고 장기적 차원에서는 측정 및 평가의 결과를 극대화 할 수 있는 평가문화의 정착에 관한 연구가 진행되어야 할 것이다. 일회성의 측정 및 평가로 끝나는 것이 아닌 계속된 피드백을 통한 측정 및 평가 기법의 다양화를 위한 노력이 계속되어야 할 것이다.

무엇보다도 중요한 것은 사회복지관의 정체성 확립을 위하여 공공부문은 충분한 지원을 하여야 하며, 사회복지관은 훌륭한 프로그램을 개발하고 전문 종사자를 적극 육성하여야 한다. 그리고 지역주민들이 계속된 관심과 참여를 통하여 사회복지관이 지역사회복지서비스 전달체계로서 확고한 정체성을 확립하는 것이 가장 중요한 과제라 할 수 있다.

[참고문헌]

1. 국내문헌

곽영진. (1992). 「자료포락분석(DEA)을 이용한 병원의 효율성 평가에 관한 연구」. 박사학위논문, 충남대학교 대학원.

곽영진. (1999). DEA를 이용한 공공도서관의 효율성 평가: 충청지역 공공도서관을 대상으로. 「회계연구」, 4(1): 151-176.

권선진. (1994). 「사회복지관의 조직효과성에 관한 연구」. 박사학위논문, 연세대학교 대학원.

김광석·홍석덕. (1992). 「제조업의 총요소생산성 동향과 그 결정요인」. 연구보고서 92-06, 한국개발연구원.

김건위. (2004). 기초자치단체 정보화의 상대적 효율성 측정. 「2004년 춘계학술대회 발표논문집」, 171-201.

김만두. (1987). 사회복지관의 프로그램 개발. 「사회복지관 관리자반」, 보건사회부 국립사회복지연수원.

김만두. (1992). 지역사회에서의 바람직한 사회복지관 기능 및 역할. 제1회 서울특별시 사회복지관 연합회 세미나 자료집.

김범수. (2000). 「21세기 지역사회복지론」. 서울: 홍익재.

김병식. (2001). 민간의 인적자원 활용실태 및 강화전략: 사회복지조직의 자원봉사자를 중심으로. 「한국인간관계학보」, 6(1): 45-67.

김선심. (1990). 「지역사회복지론」. 서울: 한국사회복지협회.

김성회. (1992). 지방정부의 사회복지 기능에 관한 연구. 「지역사회개발논총」, 4(4). 연세대학교 지역사회개발연구소.

김영모. (1995). 지방자치와 지역사회복지의 과제. 대구경북사회복지사 workshop 자료집.

김영종. (1994). 한국적 지역사회의 성격과 복지서비스 전달체계. 「사회과학연구」, 10(1). 경성대학교 사회과학연구소.

김영종. (1998). 「사회복지행정」. 서울: 학지사.

김영환. (1999). 「자료포락분석(DEA)에 의한 제품계열의 효율성 분석」. 박사학위논문, 동아대학교 대학원.

김용래. (1991). 지방화시대에 있어서 지역복지정책의 과제와 발전방향. 「지역사회복지정책」. 5: 7-17.

김용래. (1995). 지방화시대와 사회복지. 「사회복지정책 관리자반 교재」, 국립사회복지연수원.

김익균·고순철. (1997). 「한국지역사회복지론」. 서울: 대학출판사.

김제준. (1999). 「우리나라 제조업의 X-비효율성 분석」. 박사학위논문, 숭실대학교 대학원.

김태웅. (2000). DEA 모형을 이용한 공공기관 효율성 분석에 관한 사례연구: 일선 우체국을 중심으로. 「재무관리논총」, 6(1): 47-65.

김태성. (1992). 사회복지에서 공공부문과 민간부문간의 역할분담에 관한 연구. 「사회복지연구」, 4: 57-80.

김필두. (1994). 지역복지정책추진을 위한 자원봉사활동 활성화 방안. 「지방행정연구」, 9(3): 167-191.

김홍식. (1994). 지방자치와 사회복지행정체계. 「사회보장연구」, 11: 237-260.

남기범. (1995). 「지방정부의 생산성 측정체계에 관한 연구: 서울특별시 구청 시민국을 중심으로」. 박사학위논문, 연세대학교 대학원.

남일재 외. (2002). 「사회복지행정론」. 서울: 현학사.

박광덕. (1997). 사회복지공급체계의 공사역할분담 모형정립. 「한국행정학보」, 31(4): 169-182.

박창제·최대환. (1997). 공공병원의 효율성 평가: 최적운영에 대한 다변량분석. 「보건경제연구」, 3: 1-36.

박태종. (1996). 「대학의 효율성 측정과 영향요인에 관한 연구」. 박사학위논문, 창원대학교 대학원.

백종만. (1996). 사회복지분야의 지역간 격차. 「환경과 사회」, 9.

보건복지부. (1998). 「보건복지백서」.

보건복지부. (2000). 「사회복지관설치운영규정」.

보건복지부. (2003). 「사회복지시설평가지표 지침서」.

문춘걸. (1998). 「자료포락분석법 및 그 변형기법을 통한 공공부문의 생산성 측정: 한국 중소도시의 생산성 분석」. 한국조세연구원. 정책보고서 98-02.

서인해. (2003). 종합사회복지관의 프로그램 개발을 위한 정보수집에 영향을 미치는 요인에 관한 연구. 「한국사회복지학」, 54: 245-272.

손승태. (1993). 「국내은행의 경영효율성 비교분석」. 연구보고서 93-01. 5월. 한국개발연구원

송정부. (1995). 지방화시대에 있어 지방사회복지협의회의 활성화방안. 「사회복지」, 124

신봉근. (2000). 「우리나라 손해보험산업의 효율성에 관한 연구 – 비모수적 접근방법: DEA적용 – 」. 박사학위논문, 서강대학교 대학원.

신섭중. (1993). 「한국사회복지정책론」. 서울: 대학출판사.

신섭중 외역. (1997). 「현대복지학총람」. 서울: 대학출판사.

오재일. (2003). 지방분권화: 지방분권 추진체계의 정비. 「지방행정」, 52(593): 30-37.

오재일. (2004). 지방분권과 로컬가버넌스. 「지방행정연구」, 18(1): 3-19.

오현진. (2001). 「지방분권에 의한 정보통신기업의 성과평가에 관한 연구」. 박사학위논문, 경기대학교 대학원.

유종해. (1991). 지역사회복지와 재원. 「아산」, 51

윤경준. (1995). 「지방정부 서비스의 상대적 효율성 측정에 관한연구」. 박사학위논문, 연세대학교 대학원.

윤경준·원구환. (1996). 지방정부 직영기업의 상대적 효율성 평가 – 도시상수도사업에 대한 DEA. 「한국행정연구」, 5(4): 119-139.

윤경준. (2003). 공공부문 효율성 측정을 위한 DEA의 활용 – 평가와 제언. 「정부학연구」, 9(2): 7-31.

이기호. (1996). 「공공병원과 민간병원의 효율성에 관한 비교연구: 데이터포락분석(DEA)을 활용하여」. 박사학위논문, 경희대학교 대학원.

이병렬. (1996). 「지방정부의 지역사회복지정책대안 모색을 위한 실증적 연구」. 박사학위논문, 충남대학교 대학원.

이상섭·김규덕. (1998). 자료포락분석(DEA)에 의한 지방정부 공공서비스의 상대적 효율성 측정: 쓰레기수거 서비스를 중심으로. 「한국지방자치학보」, 10(2): 169-187.

이상용. (1995). 지방재정과 예산의 효율적 운용방안. 「한국형 지방자치의 청사진」. 도서출판: 길벗.

이용주. (2000). IMF체제 돌입 전후시점의 국내은행들의 경영효율성 평가: DEA기법을 적용하여. 「생산성연구」, 14(2): 122-153.

이인재. (1996). 지방자치시대 중앙과 지방정부의 사회복지 재정에 관한 연구. 「한신사회복지연구」, 4: 163-187.

이장형. (1999). 「지방정부의 생산성 향상에 관한 연구: 전라북도의 기초자치단체를 중심으로」. 박사학위논문, 단국대학교 대학원.

이종익. (1994). 「한국지방자치론」. 서울: 박영사.

이혁주. (1996). 도시행정서비스의 생산특성과 비효율 분석. 「한국행정학보」, 30(4): 121-137.

임동진·김상호. (2000). DEA를 통한 지방정부의 생산성 측정: 인력·재정과 공공서비스관계를 중심으로. 「한국행정학보」, 34(4): 217-234.

임춘식. (1998). 지역사회복지관의 노인여가 프로그램, 「노인복지연구」, 2(1): 131-159.

장인협·이혜경·오정수. (1999). 「사회복지학」. 서울: 서울대학교출판부.

정덕규. (1997). 「사회복지전달체계의 PARADIGM에 관한 연구」. 박사학위논문, 대구대학교 대학원.

정무성. (1998). 사회복지프로그램 개발 및 평가전략. 「춘계 학술대회 및 수련교육」. 한국정신보건사회사업학회.

정윤수. (1995). 자료포락분석모형을 이용한 효율성 연구: 미국의 의료교육병원을 중심으로. 「한국정책분석평가학회보」, 5(1): 277-291.

조운희. (1998). 「사회복지관 운영관리의 평가모형개발에 관한 연구」. 박사학위논문, 대구대학교 대학원.

채구묵. (2003). 사회복지시설의 문제점, 개선과제 및 전략. 「사회복지정책」, 16: 79-107.

최재성. (1999). 사회복지서비스조직의 비용효율성에 관한 연구-서울특별시 종합사회복지관을 중심으로-. 「사회보장연구」, 15(1): 85-106.

최일섭. (1988). 지방자치와 지역사회복지. 「사회복지」. 봄호.

최일섭·류진석. (1998). 「지역사회복지론」. 서울대학교 출판부.

최재원. (1991). 「지역사회개발론」. 서울: 백산출판사.

최창호. (2003). 「지방자치의 이해」. 서울: 삼영사.

한국보건사회연구원. (2000). 「사회복지시설 평가지표 개발 및 평가 결과」. 한국보건
　　　사회연구원.

한국사회복지관협회. (1997). 「한국복지관협회 인력현황보고서」.

한국사회복지관협회. (1999). 「사회복지관백서」.

한국사회복지관협회. (2001). 내부자료.

한국사회복지협의회. (1989). 90년대 사회복지정책 형성을 위한 국민의 욕구 및 의
　　　식에 관한 연구. 12호.

한동우. (2003). 사회복지관의 재정 문제와 함의. 「한국비영리연구」, 2(1): 165-189.

한승우. (2001). 「DEA모형을 이용한 새마을금고의 경영효율성 측정」. 박사학위논문,
　　　대전대학교 대학원.

한원석 외. (1994). 지방자치 실시에 따른 지방정부 재정지출의 변화 및 원인. 「지방
　　　자치연구」, 6(2).

황인창. (1999). 「알기 쉬운 통계학」. 서울: 학지사.

황진수. (1988). 지방자치와 사회복지행정. 「사회보장논집」. 7: 50-62.

황진수. (1995). 「DEA기법을 이용한 은행영업의 경영효율성 측정에 관한 실증적 연
　　　구」. 박사학위논문, 원광대학교 대학원.

황성철 · 강혜규. (1994). 「사회복지관 운영평가 및 모형개발」. 한국보건사회연구원.

황성철. (1997). 미국의 지역사회복지와 사회복지관. 「비교지역사회복지」. 한국사회복
　　　지관협회.

2. 외국문헌

岡村重夫. (1973). 「地域福祉論」. 東京: 光生館.

三浦文夫. (1989). 「社會福祉政策研究－社會福祉經營學 ノート」. 東京: 全國社會福
　　　祉協議會.

永田幹夫. (1981). 「地域福祉組織論」. 東京: 全社協出版.

住谷 外. (1973). 「現代の地域福祉」. 東京: 法律文化社.

Aigner, D. J., Lovell, C. A. K., & Schmidt, P. (1977). Formulation and Estimation of Stochastic Frontier Production Function Models. *Journal of Econometrics.* 6. 21-37.

Banker, Charnes, A., & Cooper, W. W. (1984). Some Models for Estimating Technical and Scale Inefficiencies in Data Envelopment Analysis. *Management Sciences.* 30(9): 1078-1092.

Beasley, J. (1990). Comparing University Department. *OMEGA International Journal of Management Science.* 18(2): 171-183.

Branger, G., & Specht, H. (1973). *Community Organizing.* New York: Columbia University Press.

Charnes, A., Cooper, W. W., & Rhodes, E. (1978). Measuring the Efficiency of Decision Making Units. *The European Journal of Operations Research.* 2(6): 429-444.

Charnes, A., Cooper, W. W., & Rhodes, E. (1981). Evaluating Program and Managerial: An Application of Data Envelopment Analysis to Program Follow Through. *Management Sciences.* 27(6): 668-697.

Clark, C. T. (1989). Data Envelopment Analysis and Extensions for Decision Support and Management Planning. Unpunished Ph.D. Dissertations, Graduate School of Business, University of Texas, Austin, 1983. cited in Thomas. Evaluating Productivity of Information Systems Organizations in State Government. *Public Productivity Review.* 12(3).

Dilick, S. (1959). The Functions of Neighborhood Organization. in Ernest B. Harper and Arthur Dunham(eds.). *Community Organization in Action: Basic Literature and Critical Comments.* New York: Association Press.

Easton, D. (1965). *A System Analysis of Political Life.* New York: Wiley.

Farrell, M. J. (1957). The Measurement of Productive Efficiency. *Journal of the Royal Statistical Society.* 120(3): 253-281.

Folz, D. H. & William, L. (1986). The Measurement of Municipal Service Quality and Productivity: A Comparative Perspective. *Public Productivity Review.* 40(5).

Glennerster, H. (1985). *Paying for Welfare.* Oxford: Basil Blackwell.

Gilbert, J. A. (1990). *Productivity Management: A Step-by-step Guide for Health Care Professionals.* American Hospital Publishing, Inc.

Greene, W. H. (1993). The Economic Approach to Efficiency Analysis. In H. O. Fried, C. A. K. Lovell, & S. S. Schmidt(eds.). *The Measurement of Productive Efficiency: Techniques and Applications.* New York: Oxford University Press.

Grosskopf, S., Hayes, K., Lori, L., & William, L. (1997). Allocative Inefficiency and School Competition. *Research Department Working Paper.*

Kahn, A. J. (1977). A Framework for Public-Voluntary Collaboration in the Social Services in the Social Welfare Forum. New York: Columbia University Press.

Kahraman, C., & Tolga, E. (1998). Data Envelopment Analysis with Missing Data: An Application to University Libraries in Taiwan. National Cheng Kung University.

Kamerman. S. B., & Kahn. A. J. (1989). *Privatization and Welfare State.* New Jersey: Princeton University Press.

Kao, C. K., & Liu, B. (1998). Data Envelopment Analysis with Missing Data: An Application to University Libraries in Taiwan, National Cheng Kung University.

Kramer, R. M.(1987). Voluntary Agencies and the Personal Social Service in the Nonprofit Sector edited by Walter W. Powell, New Haven: Yale University Press.

Loavenbruck, G., & Keys, P. (1987). Settlements and Neighborhood Centers in 「 Encyclopedia of Social Work」, ed NASW, 18th ed. vol.2.

Lovell, C. A. K. (1993). Production Frontiers and Productive Efficiency. In H. O. Fried, C. A. K. Lovell, & S.S. Schmidt (eds.), *The Measurement of Productive Efficiency: Techniques and Applications*. New York: Oxford University Press.

Metcalfe, L. & Rihards, S. (1987). *Improving Public Management.* London: SAGE.

Park, R. E., & Burgess, E. W. (1921), *Introduction to the Science of Sociology.* Chicago: University of Chicago Press.

Sackton, F. (1989). Financing Public Programs under Fiscal Constraint. *Managing*

Public Programs; Balancing Politics, Administration, and Public Needs. San Francisco: Jossey-Bass Publishers.

Sarafoglou, N. K. E., & Haymes, K. E. (1991). University Productivity in Sweden: A Demonstration and Explanatory Analysis for Economics and Business Programs. Department of Economics Mid-Sweden University and The Institute of Public Policy George Mason University.

Shang, J. & Sueyoshi, T. (1995). A Unified Framework for the Selection of a Flexible Manufacturing System. European Journal of Operational Research, 85: 297-315.

Sherman, H. D. & Gold, F. (1985). Bank Branch Operating Efficincy: Evaluation with Data Envelopment Analysis. *Journal of Banking and Finance.* 9: 297-315.

Sinuary-Stern, Z., Mehrez, A., & Barboy, A. (1993). Academic Departments Efficiency via DEA. *Computers Operational Research.* 21(5): 543-556.

Stevenson, R. E. (1980). Likelihood Functions for Generalized Stochastic Frontier Estimation. *Journal of Econometrics.* 13: 57-66.

Sueyoshi, T. (1994). Stochastic Frontier Production Analysis: Measuring Performance of Public Telecommunications in 24 OECD Countries. *European Journal of Operational Research.* 74: 466-478.

Vassiloglou, M. and Giokas, D. (1990), A Study of Relative of Bank Branches: An Application of Data Envelopment Analysis. *Journal of Operational Research Society.* 41(7).

Warren, R. L. (1963). *The Community in America.* Chicago: Rand McNally & Co.

김 용 민(金容民)

약력

목포대학교 졸업
전남대학교 대학원 행정학박사
송원대학 사회복지과 겸임교수
목포대, 순천대, 조선대 외래강사
광주YMCA시민정책위원회 전문위원
(사)빛고을미래사회연구원 객원연구원

주요논저

「지역사회복지관의 효율성증진방안에 관한 연구」
「자료포락분석(DEA)에 의한 지역사회복지관의 상대적 효율성 측정」
「지역사회복지관의 비효율 원인분석에 관한 연구」
「지방자치단체의 권한분류에 관한 연구」
「지방자치단체 행정사무감사의 개선방안에 관한 연구」외 다수

● 지역사회복지관의 마케팅 전략

• 초판 인쇄	2006년 11월 30일
• 초판 발행	2006년 11월 30일
• 지 은 이	김용민
• 펴 낸 이	채종준
• 펴 낸 곳	한국학술정보㈜
	경기도 파주시 교하읍 문발리 526-2
	파주출판문화정보산업단지
	전화 031) 908-3181(대표) · 팩스 031) 908-3189
	홈페이지 http://www.kstudy.com
	e-mail(출판사업팀사업부) publish@kstudy.com
• 등 록	제일산-115호(2000. 6. 19)
• 가 격	11,000원

ISBN   89-534-6080-8 93330 (Paper Book)
        89-534-6081-6 98330 (e-Book)